In diesem kleinen Buch

hat der Autor

die Sprüche und Weisheiten

zusammengestellt,

die für sein Leben

und sein Verhalten wichtig sind.

Michael Ghanem

Sprüche

und

Weisheiten

© 2020 Michael Ghanem

Verlag und Druck:

tredition GmbH, Halenreie 40-44, 22359 Hamburg

ISBN:

978-3-347-01087-1 (Paperback)
978-3-347-01088-8 (Hardcover)
978-3-347-01089-5 (e-Book)

4. erweiterte Auflage

Über den Autor:
Michael Ghanem

https://michael-ghanem.de/
https://die-gedanken-sind-frei.org/

Jahrgang 1949, Studium zum Wirtschaftsingenieur, Studium der Volkswirtschaft, Soziologie, Politikwissenschaft, Philosophie und Ethik, arbeitete viele Jahre bei einer internationalen Organisation, davon fünf Jahre weltweit in Wasserprojekten, sowie einer europäischen Organisation und in mehreren internationalen Beratungsunternehmen.

Bonn, im Januar 2020

Er ist Autor von mehreren Werken, u.a.

„Ich denke oft.... an die Rue du Docteur Gustave Rioblanc – Versunkene Insel der Toleranz"
„Ansätze zu einer Antifragilitäts-Ökonomie"
„2005-2018 Deutschlands verlorene 13 Jahre Teil 1: Angela Merkel – Eine Zwischenbilanz"
„2005-2018 Deutschlands verlorene 13 Jahre Teil 2: Politisches System – Quo vadis?"
„2005-2018 Deutschlands verlorene 13 Jahre Teil 3: Gesellschaft - Bilanz und Ausblick
„2005-2018 Deutschlands verlorene 13 Jahre Teil 4: Deutsche Wirtschaft- Quo vadis?"

„2005-2018 Deutschlands verlorene 13 Jahre Teil 5: Innere Sicherheit- Quo vadis?"
„2005-2018 Deutschlands verlorene 13 Jahre Teil 6: Justiz- Quo vadis?"
„2005-2018 Deutschlands verlorene 13 Jahre Teil 7: Gesundheit- Quo vadis? Band A, B und C"
„2005-2018 Deutschlands verlorene 13 Jahre Teil 8: Armut, Alter, Pflege - Quo vadis?"
„2005-2018 Deutschlands verlorene 13 Jahre Teil 9: Bauen und Vermieten in Deutschland - Nein danke"
„2005-2018 Deutschlands verlorene 13 Jahre Teil 10: Bildung in Deutschland"
„2005-2018 Deutschlands verlorene 13 Jahre Teil 11: Der Niedergang der Medien"
„2005-2018 Deutschlands verlorene 13 Jahre Teil 12: Literatur – Quo vadis - Teil A"
„2005-2018 Deutschlands verlorene 13 Jahre Teil 13: Entwicklungspolitik – Quo vadis - Teil A"
„Eine Chance für die Demokratie"
„Deutsche Identität – Quo vadis?
„Sprüche und Weisheiten"
„Nichtwähler sind auch Wähler"
„AKK – Nein Danke!"
„Afrika zwischen Fluch und Segen Teil 1: Wasser"
„Deutschlands Titanic – Die Berliner Republik"
„Ein kleiner Fürst und eine kleine blaue Sirene"
„21 Tage in einer Klinik voller Narren"
„Im Würgegriff von Bevölkerungsbombe, Armut, Ernährung Teil 1"
„Im Würgegriff von Rassismus, Antisemitismus, Islamophobie, Rechtsradikalismus, Faschismus, Teil 1"
„Im Würgegriff der politischen Parteien, Teil 1"
„Die Macht des Wortes"
"Im Würgegriff des Finanzsektors, Teil 1"
"Im Würgegriff von Migration und Integration"
„Weltmacht Wasser, Teil 1"
„Herr vergib ihnen nicht! Denn sie wissen was sie tun!"

Sprüche aus meiner Familie
und aus meiner Kindheit

1

An der Dummheit der Menschen
ist der Herrgott gescheitert

2

Durch die Denkbequemlichkeit der Völker
sind manche Demokratien zerstört worden

3

Die menschlichen Unzulänglichkeiten
sind gleich verteilt bei Armen und Reichen,
bei den Reichen sind sie sichtbarer

4

Freiheit und Verantwortung
sind zwei Seiten der gleichen Medaille

5

Narzissmus ist ein Zeichen
der Selbstzerstörung

Man heiratet nie eine Frau,
sondern eine ganze Familie

Willst Du eine Frau heiraten,
so musst Du erst ihre Mutter kennenlernen

Die Wahrheit ist wie eine zarte weiße Rose,
sie hat verschiedene Perspektiven,
sie verwelkt sehr schnell
und hat schmerzhafte Dornen

Die Freiheit ist wie ein Zitrusbaum,
sie betört durch ihren Duft
die Sinne des Menschen,
sie kann Dornen haben
und schmeckt süß, sauer oder bitter

Geld ist die größte
Fata Morgana des Menschen

Der Spiegel ist der beste Kritiker des Menschen

Wenn Jesus nochmal auf die Erde käme,
würde er nochmals gekreuzigt werden,
nur dieses Mal mit dem Kopf nach unten

Manche glauben, dass Herrgott
bei Ihnen angestellt ist

Wertvoller als Gold, Silber und Diamanten
ist Wasser,
wertvoller ist jedoch Zeit,
denn die kann man nicht kaufen

Die gefährlichste Waffe der Welt ist das Wort

Politiker sind die Blutsauger der Nationen,
denn sie versprechen alles und nehmen alles

17

*Das süßeste Gift für die Menschen
ist das Versprechen von Wohlstand*

18

*Wenn Du süße Früchte isst,
denk immer an ihren Preis*

19

*Wenn Du nicht schlecht über jemanden
sprichst, dann brauchst Du nicht zu flüstern*

20

*Alternativlosigkeit
ist die Lösung der Schwachen*

21

*Nimm Dich nicht so wichtig,
denn Du bist nur ein Wimpernschlag
der Geschichte*

22

Das Vergessen ist eine List Satans

23

Arroganz und Dummheit
sind zwei Seiten der gleichen Medaille

24

Die vier Reiter der Apokalypse sind
Gier
Neid
Eitelkeit
Verlogenheit

25

Journalisten sind die Nutten der Mächtigen

26

Journalismus ist eine zu ernste Aufgabe,
als dass man diese den Journalisten
überlassen sollte

27

Hauptaufgabe der Medien ist es
das Volk zu verdummen

28

*Völker sind Schafherden,
es kommt immer auf den Schäfer an*

29

Völker verdienen die Führung, die sie haben

30

*Der Mensch verträgt Moral erst dann, wenn
seine niedrigsten Instinkte befriedigt sind*

31

*Bei der Demokratie sind die Völker
verantwortlich für die durchgeführte Politik*

32

*Alle Völker sind korrupt,
es kommt immer auf den Preis an*

33

*Gib einem Volk zu Fressen
und sich zu amüsieren,
schon hast Du es auf Deiner Seite*

*Trau nie einer Menschenmasse,
denn sie ist käuflich, falsch,
verlogen und untreu*

*Der Mensch und das Universum sind ein
Uhrwerk, ich kann mir nicht vorstellen,
dass sie ohne einen Uhrmacher
entstanden sind*

*Jede Religion muss respektiert und geachtet
werden, aber verflucht sind
deren politische Deuter und Führer*

*Wenn Du ein Argument gegen die Demokratie
haben willst, solltest Du ein Interview mit
einem Durchschnittswähler führen*

*Die Demokratie ist das politische System
der Dummen und Denkfaulen,
denn diese bilden die Mehrheit in einem Volk*

39

Die Parteiendemokratie
ist der Tod der Demokratie
und somit der Tod für die
Entwicklung jeder Nation

40

Unfähige und korrupte Journalisten
sind die Vorbereiter einer Diktatur

41

Wenn ein Volk beginnt,
denkfaul und unkritisch zu werden,
beginnt unausweichlich sein Niedergang

42

Die Seele eines Volkes ist
so zerbrechlich wie ein Haar

43

Kann es ein Gemeinwohl geben,
wenn keiner sich dafür verantwortlich fühlt?

44

*Das Verschwinden von Denken
in der politischen Macht
führt unausweichlich zu ihrem Niedergang*

45

*Das Glück der Globalisierung ist der wahre
Grund für die Verarmung der
Weltbevölkerung*

46

*Der Glaube an Europa basiert auf der Fata
Morgana der europäischen Werte*

47

*Nach einem halben Jahrhundert
Globalisierung und dem Verschwinden von
Grenzen sehnen sich die Völker nach ihrer
Identität und deren Schutz*

48

Deutsche, wenn ihr euch nur trauen würdet...

49

*Glaubt nie den Propheten des Glücks, denn sie
denken nur an sich selbst*

50

*Die Maschine der Gleichmacherei
führt zu mehr Ungleichheit*

51

*Es ist die größte Illusion zu glauben, das
Mittelmeer sei ein Wall gegen Einwanderung*

52

*Die größte Lüge
ist die nicht ausgesprochene Lüge*

53

Der Zufall ist der größte Narr im Leben

54

*Der Wert von Werten entsteht aus der
Vorstellung des Menschen, der diese erlebt*

55

*Der Herr möge uns bewahren vor
alternativlosen Politikern,
halbwissenden Medienvertretern
und geistigen Brandstiftern*

56

*Eine Gesellschaft ohne Visionen
ist zum Untergang verurteilt*

57

*Mit Ausbildung und Weiterbildung
ist der Mensch freier*

58

*Neben den sieben Plagen der Bibel
gibt es eine achte: das sind die Juristen
Und eine neunte: das sind die Halbwissenden*

59

*Die geistige Flachheit einer Gesellschaft
ist der Beginn ihres Untergangs*

Europa hat keine Zukunft mehr,
denn es fehlt an Visionen
Schuld daran sind die geistigen Eliten
der gegenwärtigen politischen Klassen

Gerechtigkeit ist sehr relativ,
es kommt auf den Standpunkt an

Fehler sind Bausteine der Weisheit

Die gefürchtetste Waffe der Welt
ist ein Bleistift

Auf einer Weggabelung
liegt eine goldene Feder
Fragt der Prinz seinen Erzieher:
soll ich diese nehmen?
Sagt der weise Mann:
nimmst Du sie, wirst Du es bereuen,
nimmst Du sie nicht, wirst Du es bereuen
(afrikanisches Märchen)

65

Kultur ist das einzige was bleibt,
wenn man alles verloren hat

66

Wenn der Herrgott nochmal
den Menschen zu schaffen hätte:
Ich bezweifle sehr, ob er das tun würde

67

Mahner sind unbequem
und schwimmen gegen den Strom,
sie sind leise und werden nicht gehört,
sind jedoch so notwendig
wie das Salz in der Suppe

68

Quo vadis Deutschland
- Du Land der Dichter und Denker?

69

Es gibt intelligente Menschen,
die es vorher sind
und die anderen sind es nachher

Wenn Du lange in einem Abgrund bist,
dann ist der Abgrund in Dir

71

Unter allen Ländern ist Deutschland
am undankbarsten gegenüber
seinen größten Töchtern und Söhnen

72

Ehre für das Volk,
das widerspricht und aufsteht!
Fluch und Schande über das Volk,
das stillhält und Ja sagt!

73

Die Demokratie ist
das politische System der Dummen,
denn sie geben ihr Wertvollstes:
ihre Stimme, ohne Garantien zu erhalten

74

Die Parteiendemokratie trägt in sich
die Zerstörung der Demokratie

75

In Deutschland wird das Volk
nur von Parteifunktionären regiert
und es ist nur eine Frage der Zeit,
wann die Demokratie ad absurdum geführt
wird

76

Gott bewahre mich vor den Berufspolitikern,
denn sie können nichts anderes
als schauspielern

77

Der Herr bewahre mich vor Politikern,
die keinen richtigen Beruf hatten

78

Das Lächeln eines Kindes
ist das höchste Gut auf Erden

79

Sie suchten das Paradies
und haben die Hölle gefunden

80

*Gib mir einen Text
und ich verfälsche dir seinen Sinn*

81

*Gott bewahre mich vor den Propheten des
Glücks, insbesondere vor
den geistigen Vätern der Ökonomie*

82

*Gibt es noch ein kollektives Interesse,
wenn keiner dafür verantwortlich ist?*

83

*Das Verschwinden der Eliten aus der Macht
und die Götterdämmerung
der kleinen Götter und Fürsten
wäre eine echte Revolution*

84

*Die totale Gleichmachung
verursacht neue Ungleichheit*

85

Es ist zwecklos,
eine Gesellschaft optimieren zu wollen

86

Menschenrechte und Menschenpflichten
sind die zwei Seiten der gleichen Medaille

87

Es gab einen kleinen Winkel im Paradies:
Europa
Es stand für Freiheit, Rechtsstaatlichkeit,
Demokratie und Ausgleich
Diese kleine Ecke des Paradieses wurde durch
Verlogenheit, Egoismus und Gier zerstört

88

Die Zerstörung Europas
ist bedingt durch die Dummheit und
Denkfaulheit seiner Bevölkerung

89

Es gibt keine Sache,
die so gerecht verteilt ist wie die Intelligenz –
wenn sie denn auch genutzt würde

Sprüche und Weisheiten
der Religionen

90

Und sie tanzten um das goldene Kalb
(Die Bibel)

91

Tötest Du einen Menschen,
so tötest Du die gesamte Menschheit
(Koran)

Arabische Weisheiten

92

Alle Menschen sind klug,
die einen vorher,
die anderen nachher;
nur wenn es darauf ankommt,
ist jeder dumm

93

Die Geduld ist der Schlüssel der Freude

94

Der Weise wird nicht satt
an schönen Sprüchen

95

Freue dich nie, dass jemand weggeht,
ehe du nicht weißt, wer sein Nachfolger wird

96

Ein freundliches Gesicht ist besser
als Kisten voller Gold

97

Das Leben besteht aus zwei Teilen:
die Vergangenheit - ein Traum;
die Zukunft - ein Wunsch

98

Leben ist Risiko

99

Sage mir mit wem Du verkehrst
und ich sage Dir, wer Du bist

100

Nicht jeder, der einen Bart trägt,
ist schon Prophet

101

Wer Honig essen will,
der ertrage das Stechen der Bienen

102

Der Gelehrte ist in seiner Heimat
wie das Gold in seinem Schachte

Französische Weisheiten

103

Alte Freunde und alte Taler sind die besten

104

Unter den Blinden ist der Einäugige König

105

Was ist Weisheit,
wenn nicht eine glückliche Wahrheit

106

Wer immer das letzte Wort haben will,
spricht bald mit sich allein

107

In der Nacht sind alle Katzen grau

108

Ein schöner Käfig füttert den Vogel nicht

109

Wer eine Frau kennt, kennt alle Frauen;
wer hundert kennt, kennt keine Frau

110

Besser spät als nie!
Mieux vaut tard que jamais!

111

Nur die Wahrheit verletzt
Il y a que la vérité qui blesse

112

Der Weise findet sogar bei Narren Rat

113

Nul bien sans peine
Ohne Fleiß kein Preis

114

Partir, c'est toujours mourir un peu!
Abschied heißt immer auch ein bisschen
sterben

115

Ende gut, alles gut

116

Ce n'est pas la mer à boire
Man muss nicht das Meer austrinken

Sprüche von berühmten Persönlichkeiten

Muhammad Ali

117

*Jetzt fängt mein Leben erst wirklich an
Gegen Ungerechtigkeit kämpfen,
gegen Rassismus, Verbrechen,
Analphabetismus und Armut,
mit diesem Gesicht, das die Welt so gut kennt*

Augustinus von Hippo

118

*In dir muss brennen,
was du in anderen entzünden willst*

Honoré de Balzac

119

*Die Liebe ist die einzige Leidenschaft,
die weder Vergangenheit noch Zukunft duldet*

Simone de Beauvoir

120

Männer sind zwar oft so jung, wie sie sich fühlen, aber niemals so bedeutend

Otto von Bismarck

121

*Es wird niemals so viel gelogen
wie vor der Wahl,
während des Krieges
und nach der Jagd*

122

*Lügen können Kriege in Bewegung setzen,
Wahrheiten hingegen
können ganze Armeen aufhalten*

123

*Je weniger die Leute davon wissen,
wie Würste und Gesetze gemacht werden,
desto besser schlafen sie*

124

*Es ist ein Grundbedürfnis der Deutschen,
beim Biere schlecht
über die Regierung zu reden*

Aristide Briand

125

*Ein Kompromiss ist dann vollkommen,
wenn alle unzufrieden sind*

126

*Wir haben europäisch gesprochen
Das ist eine neue Sprache,
die man wird lernen müssen*

127

*Um den Frieden zu sichern,
muss man Europa organisieren*

128

*Menschen denken zu historisch
Sie leben immer zur Hälfte auf dem Friedhof*

129

Um Frieden zu haben, muss man ihn wollen,
man darf nicht ständig daran zweifeln

Edmund Burke

130

Das Böse triumphiert allein dadurch, dass gute
Menschen nichts unternehmen

Felice Leonardo (Leo) Buscaglia

131

Wir bekommen mit unserer Geburt
das Leben geschenkt,
doch viele von uns haben noch nicht einmal
das Geschenkpapier abgemacht

Albert Camus

132

*Die Freiheit besteht in erster Linie
nicht aus Privilegien, sondern aus Pflichten*

133

*Es gibt kein Schicksal, welches nicht durch
Verachtung überwunden werden kann*

134

*Die Phantasie tröstet die Menschen
über das hinweg, was sie nicht sein können,
und der Humor über das,
was sie tatsächlich sind*

135

*Einen Menschen zu lieben heißt einzuwilligen,
mit ihm alt zu werden*

136

*Um sich selbst zu erkennen,
muss man handeln*

137

Gerechtigkeit ohne Gnade
ist nicht viel mehr als Unmenschlichkeit

138

Wenn die Welt klar wäre, gäbe es keine Kunst

139

Die Strafe, die züchtigt ohne zu verhüten,
heißt Rache

140

Seine Grundsätze soll man sich
für die großen Gelegenheiten sparen

141

Charme ist die Kunst,
als Antwort ein Ja zu bekommen,
ohne etwas gefragt zu haben

142

Die Mutter ist die erste Quelle der Liebe
Von da an ist Lieben Lernen das,
wozu die Menschen die meiste Zeit brauchen

Nicolas Chamfort

143

Die Gesellschaft setzt sich
aus nur zwei großen Klassen zusammen:
die einen haben mehr Mahlzeiten als Appetit,
die anderen weit mehr Appetit als Mahlzeiten

Winston Churchill

144

Lache nie über die Dummheit der anderen
Sie ist deine Chance

145

Ein Experte ist ein Mann,
der hinterher genau sagen kann,
warum seine Prognose nicht gestimmt hat

146

Die Kunst ist, einmal mehr aufzustehen,
als man umgeworfen wird

147

Es gibt drei Sorten von Menschen:
solche, die sich zu Tode sorgen;
solche, die sich zu Tode arbeiten;
und solche, die sich zu Tode langweilen

148

Die Demokratie ist die schlechteste aller
Staatsformen, ausgenommen alle andern

Georges Clemenceau

149

Gloire aux pays où l'on parle,
honte aux pays où l'on se tait

150

Le parlement est le plus grand organisme
qu'on ait inventé pour commettre des erreurs
politiques, mais elles ont l'avantage supérieur
d'être réparables, et ce, dès que le pays en a la

151

Krieg ist ein zu ernstes Geschäft,
als dass man ihn den Generälen
überlassen dürfte

152

Mächtige verstehen einander immer,
mögen sie auch verfeindet sein

153

Amerika - die Entwicklung
von der Barbarei zur Dekadenz
ohne Umweg über die Kultur

154

Wenn ein Politiker stirbt,
kommen viele nur deshalb zur Beerdigung,
um sicher zu sein,
dass man ihn wirklich begräbt

155

Wenn ein Intelligenter
die falsche Sache vertritt,
ist das noch schlimmer
als wenn ein Dummkopf
für die richtige eintritt

Demokrit

156

Ruhm und Reichtum ohne Verstand
sind ein unsicherer Besitz

Marie von Ebner-Eschenbach

157

Der Arme rechnet dem Reichen die Großmut,
niemals die Tugend an

158

Haben und nichts geben
ist in manchen Fällen schlechter als stehlen

Albert Einstein

159

Zwei Dinge sind unendlich,
das Universum
und die menschliche Dummheit.
Aber bei dem Universum
bin ich mir noch nicht ganz sicher

Ich bin nicht sicher, mit welchen Waffen
der dritte Weltkrieg ausgetragen wird,
aber im vierten Weltkrieg
werden sie mit Stöcken und Steinen kämpfen

161

Wenn ein unordentlicher Schreibtisch
einen unordentlichen Geist repräsentiert,
was sagt dann ein leerer Schreibtisch
über den Menschen, der ihn benutzt aus?

162

Phantasie ist wichtiger als Wissen,
denn Wissen ist begrenzt

163

Probleme kann man niemals
mit derselben Denkweise lösen,
durch die sie entstanden sind

164

Wenn die meisten sich schon
armseliger Kleider und Möbel schämen,
wie viel mehr sollten wir uns
da erst armseliger
Ideen und Weltanschauungen schämen

*Es gibt keine großen Entdeckungen
und Fortschritte,
solange es noch ein unglückliches Kind
auf Erden gibt*

Epikur von Samos

166

*Wenn du einen Menschen
glücklich machen willst,
dann füge nichts seinem Reichtum hinzu,
sondern nehme ihm einige von seinen
Wünschen*

167

*Von allen Geschenken,
die uns das Schicksal gewährt,
gibt es kein größeres Gut als die Freundschaft
- keinen größeren Reichtum,
keine größere Freude*

168

Wem genug zu wenig ist, dem ist nichts genug

Erasmus von Antiochia

169

Ich kenn keine Schminke,
und mein Gesicht verbirgt nicht,
wie es in meinem Inneren aussieht
Ich bleibe mir, auch bei meinen Verächtern,
so treu, dass selbst diejenigen meiner
Anhänger mich nicht verleugnen können,
die sich Aussehen und Ansehen eines Weisen
verschafft haben, dennoch aber eher Affen
gleichen, die in Purpur gewickelt sind,
oder Eseln,
die sich im Löwenfell verstecken
Mögen sie sich noch so beflissen verstellen,
ein paar Eselsohren werden doch
stets sichtbar bleiben
und den Midas verraten

Charles des Gaulle

170

Es ist besser,
unvollkommene Entscheidungen
durchzuführen,
als beständig nach vollkommenen
Entscheidungen zu suchen,
die es niemals geben wird

171

Die 10 Gebote sind deshalb
so kurz und verständlich,
weil sie ohne Mitwirkung einer
Sachverständigen-Kommission entstanden sind

172

Ein Mädchen, das einen Soldaten heiratet,
macht nie eine schlechte Partie
Ein Soldat versteht zu kochen, kann nähen,
muss gesund sein, und das Wichtigste:
Er ist unbedingt daran gewöhnt, zu gehorchen

173

Es hat mich nie gestört,
dass man mich manchmal
mit einem Spargel verglichen hat,
denn am Spargel ist der Kopf das Wichtigste

174

Ein Stellvertreter ist ein Mann,
der sich jeden Morgen nach dem Befinden
des Chefs erkundigt und sehr enttäuscht ist,
wenn dieser gut geschlafen hat

175

Ich habe gern Leute um mich,
die mir widersprechen,
aber ich kann sie nicht ertragen

176

Zwischen Staaten gibt es keine Freundschaft,
sondern nur Allianzen

René Descartes

177

Zweifel ist der Weisheit Anfang

178

Ich denke, also bin ich

Der gesunde Verstand
ist die bestverteilte Sache der Welt,
denn jedermann meint,
damit so gut versehen zu sein,
dass selbst diejenigen,
die in allen übrigen Dingen
sehr schwer zu befriedigen sind,
doch gewöhnlich
nicht mehr Verstand haben wollen,
als sie wirklich haben

Ich will von der Philosophie
nichts weiter sagen, als dass ich sah,
sie sei von den vorzüglichsten Geistern
einer Reihe von Jahrhunderten g
epflegt worden,
und dennoch gebe es in ihr nicht eine Sache,
die nicht strittig und mithin zweifelhaft ist;
und dass ich demnach nicht
ingebildet genug war,
um zu hoffen, es werde mir damit
besser gehen als den anderen

Kein Ding auf dieser Welt ist besser verteilt
als der gesunde Menschenverstand

182

*Zur Erforschung der Wahrheit
bedarf es notwendig der Methode*

183

*Es genügt nicht, gute geistige Anlagen zu
besitzen. Die Hauptsache ist,
sie gut anzuwenden*

184

*Das höchste Glück besteht i
n dem festen Willen, tugendhaft zu handeln*

185

*Wenn auch die Fähigkeit zu täuschen
ein Zeichen von Scharfsinn und Macht
zu sein scheint,
so beweist doch die Absicht zu täuschen
ohne Zweifel Bosheit oder Schwäche*

Immer bemüht sein, lieber sich selbst
als das Schicksal zu besiegen,
und lieber die eigenen Wünsche
als die Weltordnung ändern!
Begreifen, dass außer unseren eigenen
Gedanken nichts vollständig
in unserer Gewalt steht!

187

Die größten Geister sind der größten Fehler
ebenso wie der größten Tugenden fähig

188

Alles Wissen besteht in
einer sicheren und klaren Erkenntnis

189

Lesen muss man die Werke der Alten;
es ist doch eine große Wohltat,
dass wir uns die Arbeiten so vieler Männer
zunutze machen können

190

Denn mit den Geistern anderer Jahrhunderte
verkehren, ist fast dasselbe wie reisen

Denn es ist nicht genug, einen guten Kopf zu haben; die Hauptsache ist, ihn richtig anzuwenden

192

Nichts auf der Welt ist so gerecht verteilt wie der Verstand Denn jedermann ist überzeugt, dass er genug davon habe

Ralph Waldo Emerson

193

Wenn man nicht versucht, etwas zu tun, was jenseits des bereits Gemeisterten liegt, dann wird man nicht wachsen

194

Was wir am nötigsten brauchen, ist ein Mensch, der uns zwingt, das zu tun, was wir können

F. Scott Fitzgerald

195

*Zeige mir einen Helden
und ich schreibe Dir eine Tragödie*

Jean de la Fontaine

196

*Geduld und Zeit schaffen mehr
als Kraft und Wut*

Henry Ford

197

*Das Geben ist leicht;
das Geben überflüssig zu machen,
ist viel schwerer*

Benjamin Franklin

198

Wer der Meinung ist,
dass man für Geld alles haben kann,
gerät leicht in den Verdacht,
dass er für Geld alles zu tun bereit ist

Thomas Fuller

199

Reich sind nur die,
die wahre Freunde haben

Mahatma Gandhi

200

Reich wird man erst durch Dinge,
die man nicht begehrt

Curt Goetz

201

*Armut ist keine Schande –
Reichtum auch nicht*

Billy Graham

202

Erfolg ist das gefährlichste aller Rauschgifte

Armin Hary

203

*Die meisten Kämpfer und Siegertypen
kommen aus den hungrigen
Bevölkerungsschichten,
nicht aus den satten*

Ernst R Hauschka

204

Wer im Geld schwimmt,
hält einen Rettungsring für eine Zumutung

Georg Wilhelm Friedrich Hegel

205

Freiheit ist Einsicht in die Notwendigkeit

Hermann Hesse

206

Ein Haus ohne Bücher ist arm,
auch wenn schöne Teppiche seine Böden
und kostbare Tapeten und Bilder
die Wände bedecken

Hippokrates

207

*Das Leben ist eine Komödie
für den Denkenden
und eine Tragödie für die, welche fühlen*

208

*Wenn Schlaf und Wachen ihr Maß
überschreiten, sind beide böse*

209

*Unsere Nahrungsmittel sollen Heil-,
unsere Heilmittel Nahrungsmittel sein*

210

*Der beste Arzt scheint mir der,
der voraussagen kann*

Victor Hugo

211

Wer den Armen gibt, leiht Gott

*Je suis tombé à terre c'est la faute à Voltaire
Je ne suis qu'un petit oiseau,
c'est la faute à Rousseau*

*Ein Feind, den man zu Grabe trägt,
ist nicht schwer*

*Ein Kompliment ist ein Kuss
durch den Schleier*

*Melancholie ist das Vergnügen
traurig zu sein*

*Ce qu'on ne peut pas dire et ce qu'on ne peut
pas taire, la musique l'exprime*

*Musik bringt zum Ausdruck,
was sich nicht in Worte fassen lässt
und doch nicht still bleiben kann*

217

Nichts auf der Welt ist so mächtig
wie eine Idee, deren Zeit gekommen ist

218

Unglück macht Menschen,
Wohlstand macht Ungeheuer

219

Der Sieg genügt nicht,
man muss auch überzeugen können

220

Der Geist wird reich durch das,
was er empfängt,
das Herz durch das, was es gibt

221

Das Gewissen des Menschen
ist das Denken Gottes

222

Die Musik drückt aus,
was nicht gesagt werden kann
und worüber man nicht schweigen kann

Elber Hubbard

223

Ein Freund ist jemand,
der alles von dir weiß
und dich trotzdem liebt

Henrik Ibsen

224

Das ist das Verdammte
an den kleinen Verhältnissen,
dass sie die Seele klein machen

Samuel Johnson

225

Die Fesseln der Gewohnheit sind meist so fein,
dass man sie gar nicht spürt
Doch wenn man sie dann spürt,
sind sie schon so stark,
dass sie sich nicht mehr zerreißen lassen

Joseph Joubert

226

Die das Laster liebenswürdiger machen,
schätze ich doch höher als die,
welche die Tugend erniedrigen

227

Der Verstand kann uns sagen,
was wir unterlassen sollen
Aber das Herz kann uns sagen,
was wir tun müssen

Erich Kästner

228

Wenn man genug Geld hat,
stellt sich der gute Ruf ganz von selbst ein

John F Kennedy

229

Vergib deinen Feinden,
aber vergiss niemals ihre Namen

230

Die Menschheit muss dem Krieg
ein Ende setzen,
oder der Krieg
setzt der Menschheit ein Ende

231

Es gibt nur eins,
was auf Dauer teurer ist als Bildung:
keine Bildung

232

Ein Vorsprung im Leben hat,
wer da anpackt,
wo die anderen erstmal reden

233

Fragt nicht, was euer Land für euch tun kann -
fragt, was ihr für euer Land tun könnt

Konfuzius

234

Fordere viel von dir selbst
und erwarte wenig von den andern
So wird dir Ärger erspart bleiben

235

Was du liebst, lass frei
Kommt es zurück,
gehört es dir - für immer

236

Der Mensch hat dreierlei Wege
klug zu handeln:
durch Nachdenken ist der edelste,
durch Nachahmen der einfachste,
durch Erfahrung der bitterste

237

Was du mir sagst,
das vergesse ich
Was Du mir zeigst,
daran erinnere ich mich
Was du mich tun lässt,
das verstehe ich

238

Es ist besser,
ein einziges kleines Licht anzuzünden,
als die Dunkelheit zu verfluchen

Jiddu Krishnamurti

239

Es ist kein Zeichen von Gesundheit,
an eine von Grund auf kranke Gesellschaft
gut angepasst zu sein

Hans Kruppa

240

Wirklich reich ist der,
der mehr Träume in seiner Seele hat,
als die Wirklichkeit zerstören kann

Laozi

241

Klar sieht, wer von Ferne sieht –
und nebelhaft, wer Anteil nimmt

242

Dinge wahrzunehmen
ist der Keim der Intelligenz

Ludwig Marcuse

243

Nur wer im Wohlstand lebt,
schimpft auf ihn

Karl Marx

244

Die Philosophen
haben die Welt nur verschieden interpretiert;
es kommt aber darauf an,
sie zu verändern

Moliere

245

*Ein angenehmes Laster bevorzuge ich mehr
als eine langweilige Tugend
J'aime mieux un vice commode, qu'une
fatigante vertu*

246

Kleine Geschenke erhalten die Freundschaft

Michel de Montaigne

247

*Es gibt nur wenige Menschen,
die es wagen dürfen,
ihre geheimen Bitten und Gebete zu Gott
öffentlich hören zu lassen*

248

*Ich bin der Auffassung,
dass Freuden zu meiden sind,
wenn sie größere Schmerzen zur Folge haben,
und Schmerzen verheimlicht werden sollten,
die in größerer Freude enden*

249

Nicht der Mangel,
sondern vielmehr der Überfluss
gebiert die Habsucht

250

Möge Gott mich vor mir selbst beschützen

251

Unser Denken ist ein kühnes, riskantes Spiel,
weil auch unser Denken,
genau wie unser Schicksal,
nicht erhaben ist
über den unberechenbaren Zufall

252

Mieux vaut une tête bien faite
qu'une tête bien pleine

Nagarjuna

253

Es gibt nur eine falsche Sicht der Dinge:
der Glaube, meine Sicht sei die einzig richtige

Friedrich Nietzsche

254

Man verdirbt einen Jüngling am sichersten,
wenn man ihn verleitet,
den Gleichdenkenden höher zu achten
als den Andersdenkenden

255

Nehmt eure Sprache ernst!
Wer es hier nicht zu dem Gefühl
einer heiligen Pflicht bringt,
in dem ist nicht einmal der Keim
für eine höhere Bildung vorhanden

256

Ohne Musik wäre das Leben ein Irrtum

257

Willst Du das Leben leicht haben,
so bleibe immer bei der Herde

258

Gewissensbisse sind wie
die Bisse eines Hundes gegen einen Stein
- eine Dummheit

Aristoteles Onassis

259

Ein reicher Mann ist oft nur ein armer Mann
mit sehr viel Geld

260

Wenn ein Mensch behauptet,
mit Geld ließe sich alles erreichen,
darf man sicher sein,
dass er nie welches gehabt hat

Karl Popper

261

Der Versuch den Himmel auf Erden zu
verwirklichen, produziert stets die Hölle

262

Der Wert eines Dialogs
hängt vor allem von der Vielfalt der
konkurrierenden Meinungen ab

Richard David Precht

263

*Bildung ist das, was übrigbleibt, wenn man
alles vergessen hat, was man in der Schule
lernte*

264

*Die Vorsilben Ex- und Alt-
stimmen Politiker moralisch*

Francois Rabelais

265

*Man braucht im Leben
nicht nur Geld allein,
man braucht auch
Liebe, Freude, Glück-
von allem wünsche ich dir
ein Stück*

266

*Die Gelehrten sind
nicht immer die Gescheiteren*

Es ist kein Mensch so reich,
dass er nicht zuweilen etwas schuldig bliebe
und kein Mensch so arm,
dass er nicht zuweilen etwas leihen würde

268

Ich habe viele gekannt,
die nicht konnten, als sie wollten,
denn sie hatten es nicht getan,
als sie konnten

269

Ein schönes Weib war immer rar,
das nicht auch widerspenstig war

270

Ein Kind ist kein Gefäß,
das gefüllt, sondern ein Feuer,
das entzündet werden will

271

Der Appetit kommt beim Essen,
der Durst schwindet beim Trinken

François de La Rochefoucauld

272

*Die Philosophen verdammen den Reichtum
nur, weil wir ihn schlecht gebrauchen*

Peter Rosegger

273

*Arm ist nicht, wer wenig hat,
sondern wer viel braucht*

Franklin D Roosevelt

274

*Ich stehe Statistiken etwas skeptisch gegenüber
Denn laut Statistik haben ein Millionär und
ein armer Kerl jeder eine halbe Million*

Jean-Jaques Rousseau

275

Kindererziehung ist ein Beruf,
wo man Zeit verlieren verstehen muss,
um Zeit zu gewinnen

276

Glück besteht aus einem soliden Bankkonto,
einer guten Köchin
und einer tadellosen Verdauung

277

Beleidigungen sind die Argumente derer,
die Unrecht haben

278

Das Gewissen ist die Stimme der Seele
Die Leidenschaften sind die Stimme des
Körpers

279

Die Familie ist die älteste aller Gemeinschaften
und die einzige natürliche

Die Jugend ist die Zeit, Weisheit zu lernen
Das Alter ist die Zeit, sie auszuüben

Auf seine Freiheit verzichten heißt
auf seine Menschenwürde, Menschenrechte,
selbst auf seine Pflichten verzichten

Der Reiz des Familienlebens ist das beste
Gegengift gegen den Verfall der Sitten

Gäbe es ein Volk von Göttern,
so würde es sich demokratisch regieren
Eine so vollkommene Regierung
passt für uns Menschen nicht

Der Einzelwille strebt von Natur
nach Auszeichnung
und der Gemeinwille nach Gleichheit

285

*Mir ist die gefährliche Freiheit
lieber als eine ruhige Knechtschaft*

286

*Das Geld, das man besitzt,
ist das Mittel zur Freiheit,
dasjenige, dem man nachjagt,
das Mittel zur Knechtschaft*

287

*Man muss viel gelernt haben, um über das,
was man nicht weiß, fragen zu können*

288

*Der Geschmack ist die Kunst,
sich auf Kleinigkeiten zu verstehen*

289

*Freiheit heißt nicht,
alles tun zu können, was man will
Freiheit heißt, nicht alles tun zu müssen,
was man soll*

John Ruskin

290

Der höchste Lohn für unsere Bemühungen
ist nicht das, was wir dafür bekommen,
sondern das, was wir dadurch werden

Pythagoras von Samos

291

Die kürzesten Wörter, nämlich ja und nein,
erfordern das meiste Nachdenken

Arthur Schopenhauer

292

Jeder dumme Junge
kann einen Käfer zertreten
Aber alle Professoren der Welt
können keinen herstellen

Antoine de Saint-Exupéry

293

Adieux, sagte der Fuchs
Hier ist mein Geheimnis
Es ist ganz einfach:
Man sieht nur mit dem Herzen gut
Das Wesentliche ist für die Augen unsichtbar

294

Wenn Du bei Nacht den Himmel anschaust,
wird es Dir sein, als lachten alle Sterne,
weil ich auf einem von Ihnen wohne,
weil ich auf einem von ihnen lache

295

Für ein mutiges Herz ist nichts unmöglich

296

Denke immer daran: Niemand ist wie du
Du bist deine eigene Kreation

297

Wenn ein Freund etwas Schlechtes getan hat,
vergiss nie, was er alles Gutes getan hat

298

Nimm das Leben mit einem Lächeln
und die Tränen werden Freudentränen sein

299

Eine Freundschaft ohne Vertrauen
ist wie eine Blume ohne Duft

Jean-Paul Sartre

300

Wenn man nichts tut, glaubt man,
dass man für alles die Verantwortung trägt

301

Jugend will, dass man ihr befiehlt,
damit sie die Möglichkeit hat,
nicht zu gehorchen

302

Vielleicht gibt es schönere Zeiten;
aber diese ist die unsere

303

Die Minderheiten sind die Mehrheiten
der nächsten Generation

304

Es gibt eine Menge Leute auf der Welt,
die in der Hölle sind,
weil sie zu sehr vom Urteil anderer abhängen

305

Der Eigensinn ist die Energie der Dummen

306

Ich kann immer wählen,
aber ich sollte wissen,
dass ich auch dann wähle,
wenn ich nicht wähle

307

Das menschliche Leben
beginnt jenseits der Verzweiflung!

308

Der Mensch ist nichts anderes,
als was er aus sich macht

Frauen leben in der Hoffnung, dass Männer,
die mit Geld gut umgehen können,
auch gut mit Frauen umgehen werden

310

Wenn ihr eure Augen nicht gebraucht um zu
sehen, werdet ihr sie brauchen um zu weinen

311

Man soll keine Dummheit zweimal begehen,
die Auswahl ist schließlich groß genug

Seneca

312

Wer den Hafen nicht kennt,
in den er segeln will,
für den ist kein Wind ein günstiger

313

Es ist nicht wenig Zeit, die wir haben,
sondern es ist viel Zeit, die wir nicht nutzen

Nicht wer wenig hat,
sondern wer viel wünscht,
ist arm

George Bernard Shaw

315

Geld ist nichts
Aber viel Geld,
das ist etwas anderes

316

Es ist nicht schwer, Menschen zu finden,
die mit 60 Jahren zehnmal so reich sind,
als sie es mit 20 waren
Aber nicht einer von ihnen behauptet,
er sei zehnmal so glücklich

Fulton J Sheen

317

Schweigen wird oft falsch interpretiert,
aber nie falsch zitiert

Gustav Stresemann

318

Im Schützengraben der Verantwortlichkeit
hat man mehr Verluste
als in der Etappe der Opposition

319

Die meisten Deutschen haben nur ein Gebet:
Herr, unsere tägliche Illusion gib uns heute

320

Lob von der falschen Seite wäre fatal,
wenn es nicht aufgewogen würde
durch Tadel von der richtigen

321

Man kämpft nicht nur mit dem Schwert,
sondern auch mit dem Herzen

322

Europa ist nicht ein Gebilde,
das für sich leben könnte
Europa ist nur möglich innerhalb der Welt
und innerhalb der Weltwirtschaft

323

Liberal ist,
wer die Zeichen der Zeit erkennt
und danach handelt

Sokrates

324

Eine Frau gleichgestellt,
wird überlegen

325

Eros, das ist das Verlangen
der Sterblichkeit nach Unsterblichkeit

326

Niemand kennt den Tod,
und niemand weiß,
ob er für den Menschen
nicht das allergrößte Glück ist

327

Rede, damit ich dich sehe

328

Heirate oder heirate nicht,
du wirst beides bereuen

329

Wen das Wort nicht schlägt,
den schlägt auch der Stock nicht

330

Was du auch tust, du wirst es bereuen

331

Sei, was du scheinen willst

332

Wer besser beschäftigt werden könnte,
ist müßig

333

Die Meinungen der Massen sind Gespenster,
mit denen man Kinder erschrecken kann

Wenige wissen, wie viel man wissen muss,
um zu wissen, wie wenig man weiß

335

Wer glaubt, etwas zu sein, hat aufgehört,
etwas zu werden

Pierre Teilhard de Chardin

336

Es ist weniger schwierig, Probleme zu lösen,
als mit ihnen zu leben

Mutter Teresa

337

Einsamkeit und das Gefühl
unerwünscht zu sein,
ist die schlimmste Armut

Peter Ustinov

338

Sinn des Lebens: etwas, das keiner genau weiß
Jedenfalls hat es wenig Sinn,
der reichste Mann auf dem Friedhof zu sein

Rabindranath Tagore

339

Hoffnung ist der Vogel, der singt,
wenn die Nacht noch dunkel ist

Titus Flavius Vespasianus

340

Geld stinkt nicht

Tse-Tang

341

*Wenn wir an unseren Stärken zweifeln,
stärken wir unsere Zweifel*

Voltaire

342

*Die Gesellschaft braucht eine Ansicht,
das Volk braucht eine Religion,
gäbe es Gott nicht, müsste man ihn erfinden*

343

*Gott ist ein Kreis, dessen Mittelpunkt überal
l und dessen Umfang nirgends liegt*

344

*Alle Menschen sind klug —
die einen vorher,
die anderen nachher*

345

Gott ist ein Komödiant,
der vor einem Publikum spielt,
das zu ängstlich zum Lachen ist

346

Gott erschuf dich, damit du ihn liebst,
nicht damit du ihn verstehst

347

Es ist höchste Weisheit,
an einen Gott zu glauben,
welcher straft und belohnt

348

Die Zeit heilt alle Wunden
Le temps adoucit tout

349

Die Liebe ist ein Stoff,
den die Natur gewebt
und die Phantasie bestickt hat

Die Natur ist unbestreitbar
sehr lobenswert und sehr ehrwürdig,
aber sie hat schandbare Kinder

350

Eines Tages wird alles gut sein,
das ist unsere Hoffnung
Heute ist alles in Ordnung,
das ist unsere Illusion

352

Freundschaft ist die Ehe der Seelen

353

Gesellschaftlich ist kaum etwas so erfolgreich,
wie Dummheit mit guten Manieren

354

Gott schuf die Tugend,
der Mensch den Anschein davon

Human ist der Mensch,
für den der Anblick fremden Unglücks
unerträglich ist und der sich sozusagen
gezwungen sieht, dem Unglücklichen zu helfen

356

Ich mag keine Helden
Sie machen mir zu viel Lärm in der Welt

357

In der ersten Hälfte unseres Lebens
opfern wir unsere Gesundheit,
um Geld zu erwerben,
in der zweiten Hälfte opfern wir Geld,
um die Gesundheit wiederzuerlangen
Und während dieser Zeit
gehen Gesundheit und Leben von dannen

358

Ja, gönnen wir den Überschwang
der jungen Welt ihr tolles Treiben;
wir leben zwei Sekunden lang,
mag eine denn die Weisheit bleiben

Wenn du wissen willst,
wer dich beherrscht,
musst du nur herausfinden,
wen du nicht kritisieren darfst

360

Es ist gefährlich Recht zu haben,
wenn die Regierung falsch liegt

Zarathustra

361

Wie selbst ein Messer aus härtestem Stahl
des Schleifsteins bedarf,
so braucht auch der Klügste manchmal Rat

362

Lehre mich vor allem eines:
dankbar zu sein für deine Güte,
aber auch danken zu können
der geringsten Menschen Taten gegen mich

363

Ziehe hinaus in die Welt und erkenne,
dass Gott aller Dinge Anfang und Ende ist

364

In jedem Anfang liegt schon das Ende

365

Nicht nur Böses tun,
auch Böses denken ist Sünde

Französische Sprichwörter

Tout est bien qui finit bien
Ende gut, alles gut

*

Tout vient à point à qui sait attendre
Was lange währt, wird endlich gut

*

Jamais deux sans trois
Alle guten Dinge sind drei

*

L'occasion fait le larron
Gelegenheit macht Diebe

*

Chaque chose en son temps
Alles zu seiner Zeit

*

L'appétit vient en mangeant
Der Appetit kommt beim Essen

*

Tel est pris qui croyait prendre
Wer andern eine Grube gräbt, fällt selbst
hinein

On ne fait rien avec rien
Aus nichts wird nichts

Chacun est l'artisan de sa fortune
Jeder ist seines Glückes Schmied

*

L'amour d'une mère est toujours dans son
printemps
Die Liebe einer Mutter ist immer in ihrem
Frühling

*

Une fois n'est pas coutume
Einmal ist keinmal

*

Wer A sagt, muss auch B sagen

*

La force prime le droit
Macht geht vor Recht

*

On récolte ce qu'on a semé
Wie die Saat, so die Ernte

*

Il faut battre le fer tant qu'il est chaud
Man muss das Eisen schmieden,
solange es heiß ist

Qui sème le vent récolte la tempête
Wer Wind sät, wird Sturm ernten

*

Pas de progrès sans assiduité
Ohne Ausdauer kein Erfolg
La peur est mauvaise conseillère
Furcht ist ein schlechter Ratgeber

*

Il faut souffrir pour être belle
Wer schön sein will, muss leiden

*

Un ami est long à trouver et prompt à perdre
Ein Freund ist schwer zu finden
und leicht zu verlieren

*

On revient toujours à ses premières amours
Alte Liebe rostet nicht

*

Tout ce qui brille n'est pas or
Es ist nicht alles Gold, was glänzt

*

Nécessité fait loi
Not kennt kein Gebot

Mauvaise herbe pousse toujours
Unkraut vergeht nicht

*

Au royaume des aveugles, les borgnes sont rois
Unter den Blinden ist der Einäugige König

*

L'exception confirme la règle
Die Ausnahme bestätigt die Regel

*

Après la pluie vient le beau temps
Nach Regen kommt Sonnenschein

*

Un malheur ne vient jamais seul
Ein Unglück kommt selten allein

*

Une hirondelle ne fait pas le printemps
Eine Schwalbe macht noch keinen Sommer

*

Nul n'est censé ignorer la loi
Unkenntnis schützt vor Strafe nicht

*

D'ici là, il coulera encore beaucoup d'eau
sous les ponts
Bis dahin fließt noch viel Wasser den Bach
hinunter

Donnant, donnant
Gibst du mir, so geb' ich dir

*

Il n'est pire eau que l'eau qui dort
Stille Wasser gründen tief

*

C'est le ton qui fait la musique
Der Ton macht die Musik

*

Quand on n'a pas de tête,
il faut avoir des jambes
Was man nicht im Kopf hat,
hat man in den Füßen

*

Il ne faut pas laisser croitre l'herbe
sur le chemin de l'amitié
Auf dem Weg der Freundschaft
soll man kein Gras wachsen lassen

*

Rira bien qui rira le dernier
Wer zuletzt lacht, lacht am besten

*

Mieux vaut être riche et bien portant que
pauvre et malade
Besser reich und wohl auf als arm und krank

Un ami, c'est quelqu'un qui sait tout de toi,
et qui t'aime quand même

Ein Freund ist jemand
der alles von dir weiss
und dich trotzdem liebt

*

Ventre affamé n'a point d'oreilles
Einem hungrigen Magen ist schlecht predigen

C'est en forgeant que l'on devient forgeron
Übung macht den Meister

*

Le cœur a ses raisons
que la raison
ne connaît pas
Das Herz hat seine Gründe,
die der Verstand nicht kennt

*

Les petits cadeaux entretiennent l'amitié
Kleine Geschenke erhalten die Freundschaft

Arabische Sprichwörter

Wer kein Geld hat, um etwas zu kaufen,
braucht es nicht

*

Kommt zusammen wie Brüder,
aber arbeitet zusammen wie Fremde

*

Verstecke dein weißes Geld
für deinen schwarzen Tag

*

Der Sohn einer Gans ist ein Schwimmer

*

Vermeide den Umgang mit Lügnern,
aber wenn du das nicht kannst,
glaube ihnen nicht

*

Wer Gift kocht, schmeckt es

*

Besser ist ein herzliches Willkommen,
als zum Essen eingeladen zu werden

*

Vermeide Dinge, für die du dich später
wirst entschuldigen müssen

Der Kluge spinnt mit dem Bein eines Esels
Besser das fließende Bächlein
als der trockene Fluss

*

Falschheit währt für eine Stunde,
die Wahrheit bis zum Ende der Zeit

*

Der Schöne ist schön sogar direkt nach dem
Aufstehen und der Hässliche ist hässlich selbst
wenn er sein Gesicht jeden Tag wäscht

*

Die Hand im Wasser ist nicht wie die Hand im
Feuer

*

Es gibt immer ein Morgen

*

Wiederholung lehrt sogar einen Esel

*

In der Eile liegt Bedauern, aber in Geduld und
Vorsicht liegt Frieden und Sicherheit

*

In der Zeit der Prüfung fällt oder steigt eine
Person

Es ist besser, du reparierst, was du hast,
als auf das zu warten, was du nicht hast

*

Ein angezogener Stab wird zu einer Braut

*

Ich erschlage zwei Spatzen
mit einem einzigen Stein

*

Wenn du einen Affen wegen seinem Geld
heiratest, wird das Geld verschwinden
und der Affe wird derselbe bleiben

*

Es ist besser, allein zu sein,
als zusammen mit einer schlechten Person

*

Du schmiedest kaltes Eisen

*

Die Winde wehen nicht immer so,
wie die Schiffe möchten

*

Sprich leiser, verstärke deine Argumente

Afrikanische Weisheiten und Sprüche

Sag einem Krokodil erst, dass es hässlich ist,
wenn du den Fluss überquert hast

*

Ausdauer ist ein Talismanfürs Leben

*

Das Gras wächst nicht schneller,
wenn man daran zieht

*

Wenn die Maus die Katze auslacht,
ist bestimmt ein Loch in der Nähe

*

Ganz egal wie lange
ein Baumstamm im Wasser liegt,
er wird kein Krokodil werden

*

Viele kleine Leute,
an vielen kleinen Orten,
die viele kleine Dinge tun,
können das Gesicht
dieser Welt verändern

Die beste Zeit,
einen Baum zu pflanzen,
war vor zwanzig Jahren
Die nächstbeste Zeit ist jetzt

*

Die Straße sagt dem Reisenden nicht,
was ihn am Ende seines Weges erwartet

*

Herr, ich werfe meine Freude
wie Vögel an den Himmel
Ein neuer Tag,
der glitzert und knistert,
knallt und jubiliert
von deiner Liebe
Jeden Tag machst du

*

Wer zusammen
in ein Boot steigt,
will dasselbe tun

*

Man liebt den anderen nicht,
wenn man nichts von ihm annimmt

*

Es ist nicht notwendig,
die Laterne eines anderen auszublasen,
damit die Eigene heller scheine

Eine Wunde,
die ein Freund schlägt,
heilt nicht
Da hilft nur Vergebung

*

Drei Dinge muss
der Mensch wissen,
um gut zu leben:
Was für ihn zu viel,
was für ihn zu wenig,
und was für ihn genau richtig ist

*

Wenn ein Baum sich zu beugen versteht,
wird er nie vom Winde gebrochen

*

Wer auf einen Baum klettern will,
fängt unten an, nicht oben

*

Es ist besser,
mit drei Sprüngen
zum Ziel zu kommen,
als sich mit einem das
Bein zu brechen

*

Die ein schlechtes Haus verbrennt,
zündet auch ein gutes Haus an

Freundschaft ist
wie eine Spur im Sand,
die verschwindet,
wenn man sie nicht
beständig erneuert

*

Glücklich sind die,
die sich selbst genügen

*

Du weißt nicht,
wie schwer die Last ist,
die Du nicht trägst
Die Furcht
vor der Gefahr
ist schrecklicher
als die Gefahr selbst

*

Die Wege der Weisheit
führen durch die Wüste

*

Eine Hand allein
schnürt kein Bündel

*

Was die Ebbe nimmt,
bringt die Flut wieder

Man kann Weinenden
nicht ihre Tränen abwischen,
ohne sich dabei die Hände nass zu machen

*

An der Seite von: "Ich werde das tun"
stand: "Noch nicht getan"

*

Jede Blume hat ihren Duft

*

Eine vor aller Augen geschlagene Wunde
muss auch vor aller Augen genäht werden

*

Wer nicht offen mit dir spricht,
ist nicht dein Freund

*

Baue keinen Zaun
gegen dich selbst

*

Wer langsam geht,
kommt weit

*

Wenn man den Weg verliert,
lernt man ihn kennen

Haue nie dem Mann auf den Kopf,
zwischen dessen Zähnen
du deine Finger hast

*

Es ist besser, das zu überschlafen,
was du zu tun beabsichtigst,
als dich von dem wach halten zu lassen,
was du getan hast

*

Ein Boot kommt nicht voran,
wenn jeder auf seine Art rudert

*

Die Zukunft
gehört keinem
Alles, was wir tun,
wird ein Teil von uns

*

Wer einmal von einer Schlange
gebissen wurde,
hat Angst vor jedem Stückchen Schnur

*

Die Hand greift nach dem,
was das Auge gesehen hat

Sprichwörter aus Indien

Was weiß der Affe
vom Geschmack des Ingwers?

*

Auf die Entfernung sieht ein Berg klein aus

*

Wenn es keinen Sprössling stützen kann,
wird es einen Baum stützen können?

*

Ein weiser Mann in der Welt,
aber ein Niemand zu Hause

*

Wer im Wasser lebt,
sollte die Krokodile nicht zu Feinden haben

*

Wolken, die donnern, lassen es selten regnen

*

Die eigene Mutter und die Heimat
sind wichtiger als der Himmel

*

Was du weißt ist so groß wie eine Palme,
was du nicht weißt ist so groß wie das
Universum

Der wilde Affe zerstört nicht nur sich,
sondern den ganzen Garten

*

Das Essen in der Hand i
st noch lange nicht im Mund

*

Wer nicht tanzen kann,
sollte die Schuld nicht dem Tanzboden geben

*

Wahrheiten sind auch ohne Beweis gültig

*

Ein einziger Schlag mit dem Schmiedehammer
ist wie tausend Schläge des Goldschmieds

*

Kann der Rabe durch Baden
zu einen Storch werden?

*

Das Leben ist wie eine Brücke:
Gehe hinüber, aber baue kein Haus darauf

*

Wie die Katze, die die verbotene Milch
mit geschlossenen Augen trinkt

Verkaufe nicht den Fisch,
der noch im See schwimmt

*

Egal, ob du die Kobra "Kobra"
oder "Herr Kobra" nennst,
sie wird dich beißen

*

Erziehung in der Kindheit ist
wie die Buchstaben in steinernen Inschriften

*

Was die Älteren sagen
ist anfangs sauer, später süß

Ägyptische Sprichwörter

Achte den anderen,
dann wirst auch du geachtet werden

*

Alles fürchtet sich vor der Zeit,
aber die Zeit fürchtet sich vor den Pyramiden

*

Alles Verbotene ist süß

*

Als die Wespe den Honigbau der Biene sah,
rief sie: Jetzt denke daran,
etwas Nützliches zu tun

*

Als man den Hahn fragte,
was er im Traum gesehen
habe, antwortete er:
Ich sah Leute Getreide sieben

*

Als man den Wolf fragte,
warum er immer den armen Schafen
nachgehe, antwortete er:
Der Staub, dem sie erregen,
ist gut für meine Augen

Antworte dem Wissenden,
diene dem Unwissenden

*

Armut ohne Verschuldung
ist wahrer Reichtum

*

Auch ein Frommer wird aus dem Paradiese
entfliehen, wenn er dort allein bleiben müsste

*

Auch ein Riese gleitet hinab,
wenn er über einer verdeckten Grube wandelt,
welche Zwerge ausgehöhlt haben

*

Armut befrage lieber den Erfahrenen als den
Arzt

*

Behandle einen Älteren wie deinen Vater,
einen Jüngeren wie deinen Sohn,
einen Gleichalterigen wie deinen Bruder

*

Beim Anblick vollkommener Schönheit
schwinden die Sinne

Betritt nicht das Haus eines anderen,
bevor er dich dazu auffordert und begrüßt

*

Bist du hässlich, so sei liebenswürdig

*

Bricht das Kamel zusammen,
so lege ihm eine Eselslast auf

*

Das erste Notwendige in der Lehre ist ein
Meister; das Zweite ist ein Schüler,
der fähig zum Tragen der Tradition ist

*

Das Geschenk geht auf einem Esel fort
und kommt auf einem Kamel zurück

*

Das Gold der Wahrheit ist ein seltenes Metall
im Palast des Sultans

*

Das Heilmittel gegen schlechte Zeiten ist,
Geduld mit ihnen haben

*

Das Kamel trägt Zuckerrohr
und kriegt doch nur die Dornen zu fressen

Das kluge Küken gackert schon in der Schale

*

Das Leben des Lügners ist kurz

*

Das Leben ist mal für dich, mal gegen dich

*

Das Messer der Verwandten ist stumpf

*

Das Schiff,
auf dem sich zwei Kapitäne befinden,
geht unter

*

Das, wovor du dich fürchtest,
könnte sich für dich als das Bestmögliche
erweisen

*

Dein Aufwand soll deinem Besitz entsprechen

*

Deine Verwandten sind deine Skorpione

*

Deine Welt ist, worin du dich selbst findest

Den Baum, der dir Schatten gibt,
lass nicht niederhauen

*

Den Namen der Toten zu sprechen, bedeutet,
ihn wieder lebendig zu machen

*

Der Betrunkene ist in der Obhut des
Nüchternen

*

Der Büffel prahlt nicht mit seiner Kraft,
wenn der Elefant da ist

*

Der Charakter eines Mannes
wird bestimmt durch seine Familie

*

Der Dieb, welcher sein Handwerk versteht,
stiehlt nie in seinem eigenen Stadtviertel

*

Der Eilfertige und der Lahme
treffen sich auf der Fähre wieder

*

Der Gast des Gastfreundes übt
Gastfreundschaft

Der ist noch kein weiser Mann,
der einem anderen den rechten Weg zeigt

*

In seinem Loch ist der Käfer Sultan

*

Der Mensch kann ohne Freunde,
aber nicht ohne Nachbarn auskommen

*

Der Mensch lebt von einem Viertel dessen,
was er isst, und vom Rest leben die Ärzte

*

Der Tag, der vergeht, ist besser als der, der
kommt

*

Der Tag löscht das Versprechen der Nacht aus
Der Wert jeder Frau besteht darin,
was sie gut macht

*

Die Augen glauben sich selbst, die Ohren
anderen

*

Die Eifersucht einer Frau
ist der Schlüssel zu ihrer Scheidung

Die Eile stammt vom Teufel

*

Die Heirat von Armen
vermehrt nur die Zahl der Bettler

*

Die Hochzeit ist die Hochzeit unseres Vaters;
aber die fremden Leute verdrängen uns

*

Die Hoffnung treibt den Menschen
jeden Tag zu neuem Schaffen an

*

Diene dem, der dir dient

*

Die Unverschämten
haben ihre Tränen stets bereit

*

Die Welt gleicht einer Tänzerin,
sie tanzt für jeden, aber nur für kurze Zeit
Die Welt ist ein Spiegel, zeig dich darin,
und sie wird dein Antlitz zurückstrahlen

*

Ehrenhaft ist die Person,
die von ihrer Macht weiß,
und doch davon absieht,
anderen schlechte Dinge zuzufügen

Eine schöne Sache ist nie perfekt

*

Eine Zunge hat keine Knochen
und kann dennoch Knochen zerbrechen

*

Ein freundliches Willkommen ist besser
als ein gutes Abendessen

*

Ein Mann lebt, wenn sein Name genannt wird

*

In den Augen der Mutter
ist der Käfer eine Schönheit

*

Ein Taler gleich ist besser als zehn
versprochene

*

Zwietracht zwischen den Mächtigen ist ein
Vermögen für die Armen

*

Erfolgreich arbeiten
kann man nur als Wissender

Er hat sein eigenes Gehirn,
er kann seine eigenen Probleme lösen

*

Es ist besser ein schwarzer Elefant
sein unter weißen,
als ungenannt bleiben im Volke

*

Es ist süß, Macht zu pflegen,
aber bitter, sich ihrer zu entwöhnen

*

Es sind nicht alle Fische Haifische,
die im Nil schwimmen

*

Etwas ist besser als gar nichts

*

Er war am Strand und fand das Meer nicht

*

Es stolpern mehr Menschen
über ihre Zunge
als über ihre Füße

*

Komm immer durch
die Vordertür in ein Haus

Wenn du dich rächst, wirst du bereuen
Vergib, und du wirst dich darüber freuen

*

Wenn du hässlich bist, sei gefällig

*

Wenn eine Gazelle krank ist,
schicke nicht den Löwen sie zu untersuchen

*

Wer seinen Gegner umarmt,
macht ihn bewegungsunfähig

Sprichworte aus Algerien

Aus der Hand eines Freundes
ist ein Stein ein Apfel

*

Besuche deinen Freund, aber mit Abstand,
bei zu vielen Besuchen verlierst du ihn

*

Deine Ignoranz bringt dir mehr Schaden
als deine Armut

*

Der Abwesende hatte schon immer
eine Rechtfertigung

*

Der Krug gießt nur das, was er enthält

*

Der Mensch ist der einzige Arzt seiner Seele

*

Der Mund ist aktiv, aber der Arm ist untätig

*

Die Augen sind von keinerlei Nutzen
für ein blindes Gehirn

*Die Biene zieht ihren Honig
nicht aus einer einzigen Pflanze*

*

Die Feige fällt nie direkt in den Mund

*

*Die Freundschaft ist die engste der
Verwandtschaften*

*

*Die Gerechtigkeit des Fürsten ist wichtiger für
die Menschen als die gute Ernte*

*

*Die Großen sind wie Feuer: Man darf davon
weder zu weit, noch zu nahe sein, auf die
Gefahr hin zu brennen oder zu zittern*

*

*Die Krähe wollte den Gang der Tauben
nachahmen und vergaß ihren eigenen*

*

*Die Liebe und der Hass sind ein Schleier vor
den Augen: Einer lässt nur das Gute sehen,
der andere nur das Böse*

*

*Du erkennst, wer dein Freund und dein Feind
ist während der schwierigen Momente*

Ebbe folgt nicht auf Ebbe
Dazwischen ist die Flut

*

Eine Hand allein kann nicht applaudieren

*

Ein schlechter Nachbar
verschweigt deine Qualitäten
und verbreitet deine Fehler

*

Geduld ist der Schlüssel zum Paradies

*

Häufiges und lautes Lachen
ist ein Zeichen von Dummheit

*

Man nimmt die im Leben erworbenen
Reichtümer nicht mit, aber man nimmt die
Verbrechen mit,
die man machte, sie zu erwerben

*

Treuer Freund und gut erworbener Reichtum:
zwei sehr seltene Dinge

*

Wände haben Ohren

Was auf der Stirn geschrieben ist,
kann die Hand nicht löschen

Was du deinen Feind nicht mitteilen willst,
sag es nicht deinem Freund

*

Wem seine Seele teuer ist,
nimmt wenig Rücksicht auf diese Welt

*

Wenig essen verjagt viele Krankheiten

*

Wer das Missverständnis sät,
wird Reue ernten

*

Zuviel Freundlichkeit kann schaden

Marokkanische Sprichworte

Arbeite und du wirst stark sein;
setz dich und du wirst stinken

*

Bevor du sprichst, kau zuerst
und schlucke deine Worte

*

Das Basilikum sagt nicht, ich rieche gut

*

Das Bellen der Hunde verletzt die Wolken
nicht

*

Das Geld des gierigen Mannes
wird vom Lügner genommen

*

Das Herz eines Narren ist in seinem Mund,
der Mund eines weisen Mannes,
ist in seinem Herzen

*

Das Kamel sieht nie seine eigenen Buckel,
hat aber den von seinem Bruder
immer vor Augen

Das Lesen von Büchern
entfernt Sorgen aus dem Herzen

*

Das, was du in deinen Suppentopf tust,
kommt auf deinen Löffel

*

Den Fuchs kann man nur einmal überlisten

*

Der beste Kampf ist oft der gegen sich selbst

*

Der eilige Mann stolpert oft

*

Der Mensch ohne Schulbildung
gleicht dem Jagdhund ohne Dressur

*

Der Stock ist nur dann dein Freund,
wenn er dich beim Überqueren
des Flusses stützt

*

Der Tag ist zum Sehen
und die Nacht zum Hören da

Die Hand, die du nicht beißen kannst, küsse

*

Die Zufriedenheit ist nur im Herzen

*

*Eine Handvoll Bienen ist wertvoller
als ein Haufen Fliegen*

*

*Einer, der von Worten nicht überzeugt wird,
wird auch mit einem Stock nicht überzeugt*

*

*Ein guter Name ist wertvoller als ein
Samtkleid*

*

*Einige werden durch
Schmerz und Leid erfahren,
andere durch Freude und Lachen,
so steht es geschrieben*

*

*Ein Lehrer wird kommen,
wenn der Schüler bereit ist*

*

*Ein Stein von zu Hause
hat den Wert von zehn aus dem Flussbett*

Ein Teufel beansprucht einen
und nimmt zwei,
ein Heiliger beansprucht zwei
und nimmt einen

*

Ein Ziegelstein in einer Wand
ist mehr wert als eine
auf ein Halsband gereihte Perle

*

Engel senken ihre Flügel, um Wissen zu suchen

*

Erst dann,
wenn du dir die Knochen gebrochen hast,
wirst du ein Reiter

*

Es ist besser, das Objekt der Eifersucht zu sein,
als von Mitleid

*

Essen für einen reicht für zwei
und Essen für zwei reicht für drei

*

Fremde Fehler haben wir vor Augen,
unsere haben wir im Rücken

Freundliche Worte sind eine Honigwabe,
süß für die Seele und Heilung für die Knochen

*

Freundschaft ist Honig - aber iss nicht alles

*

Früh aufstehen ist Gold wert

*

Führe gute Taten aus; du wirst es nicht
bereuen

*

Geh zu Bett mit deinem Ärger, dann wird dich
am Morgen die Reue nicht quälen

Genauso wie ein Fels durch den Wind nicht
erschüttert wird, so sind die Weisen
unerschütterlichen durch Lob oder Tadel

*

Glück widerfährt dir nicht –
Glück findet der, der danach sucht

*

Gott hat die Wüste geschaffen,
um in Ruhe darin wandeln zu können.
Menschen haben darin nichts zu suchen,
es sei denn, sie bewegen sich rasch
von einem sicheren Punkt zum anderen

Hundertmal nachzudenken
und noch einmal mehr ist besser,
als überstürzt etwas mit der Schere
abzuschneiden

*

In seinem Herzen kann ein Mensch
seinen Weg planen,
aber Gott bestimmt jeden seiner Schritte

*

Kein Lamm ist jemals
mit seiner Wolle geboren worden

*

Kein Land ohne Steine, kein Fleisch ohne
Knochen

*

Korrigiere nichts mit einem Schlag,
was mit einem Kuss unterrichtet werden kann

Leg deine Sorgen in ein Netz,
einige werden durch die Maschen schlüpfen
Es werden aber immer noch genügend übrig
bleiben, um dich zu plagen

*

Liebe Wahrheit, auch wenn sie dir schadet,
und hasse Lügen, auch wenn sie dir dienen

Lügen haben keine Beine

∗

Man kann vieles sagen, ohne den Mund zu öffnen

∗

Möge Gott uns lieber jemanden geben, der uns versteht, als einen, der uns Neujahrsgeschenke gibt

∗

Nichts trocknet früher als eine Träne

∗

Selbst die höchsten Berge beginnen am Boden

∗

Suche die Freundschaft desjenigen, der wenig Freunde hat Meide die Freundschaft desjenigen, der keine Feinde hat

∗

Tropfen für Tropfen füllt sich der trockene Fluss

∗

Über der Wahrheit ist Licht

Um besser zu verstehen, muss man zuhören

*

Unterrichte einen Mann,
du unterrichtest einen Menschen,
unterrichte eine Frau,
du unterrichtest eine Nation

*

Viele Hände machen leichte Arbeit

*

Vielleicht hat Gott die Wüste nur erschaffen,
damit sich der Mensch an den Oasen erfreut

*

Vorsichtige Menschen sind sicher

*

Wegen einer einzigen Rose
wird der Gärtner Diener tausender Dornen

*

Wenn die Sterne klein scheinen,
ist dies ein Fehler der Augen, nicht der Sterne

*

Wenn du Angst vor etwas hast,
gibst du ihm Macht über dich

Das Belanglose wird vom Wind davongetragen

*

Wenn du es nicht mit einem Wink verstehst,
wirst du es sicher mit einem Schlag

*

Wenn du seinen Vater und Großvater kennst,
kannst du auch seinem Sohn vertrauen

*

Wenn ich höre, habe ich den Vorteil, wenn ich
spreche, haben ihn andere

*

Wer den Honig will,
muss auch die Stiche der Bienen ertragen

*

Wer die Armen verachtet, verhöhnt ihren
Schöpfer

*

Wer Geduld hat mit seinem Feind,
belohnt sich selbst

*

Wer in die Wüste hineingeht,
kommt als ein Anderer zurück

Wer mich liebt,
liebt mich, wie ich bin,
nicht nur, wenn ich geschminkt bin,
sondern sogar dann,
wenn ich mit Ruß verschmiert bin

*

Wer schöne Worte gibt,
füttert dich mit einem leeren Löffel

*

Wer Wind erfleht hat,
der darf nicht weinen,
wenn das Stroh davonfliegt

*

Wo die Nadel hinkommt,
wird der Faden folgen

Sprüche aus Tunesien

Auf seinem Misthaufen
ist jeder Hahn ein Stadtschreier

*

Beharrlichkeit gräbt Löcher in die
Marmorsteine

*

Der Ärger einer Frau ist mächtig
und des Teufels List schwach

*

Der Mann ohne einen Freund
ist ein Soldat ohne Waffen

*

Die Menge ist stärker als der König

*

Die Reinheit deines Namens ist mehr Wert als
die Reinheit deines Körpers

*

Die Tinte des Gelehrten ist so kostbar
wie das Blut des Märtyrers

Egal wie lange die Nacht dauert,
der Tag wird sicher kommen

*

Er vermied die Tropfen
und fand sich in der Gosse

*

Es gibt keine Blindheit
außer der Blindheit des Herzens

*

Es stolpern mehr Menschen über ihre Zunge
als über ihre Füße

*

Freude dauert sieben Tage,
Traurigkeit aber ein Leben lang

*

Grausamkeit ist die Stärke der Feiglinge

*

Komm immer durch die Vordertür in ein
Haus

*

Was die Heuschrecken übrig lassen,
fressen die Vögel

Weil er so viel gehandelt hat, ist er arbeitslos

*

Wenn das Glück dich anlächelt, lache auch

*

*Wenn der Schwanz des Hundes mich retten
kann, so ist mir sein Gestank egal*

*

*Wenn der Vollmond dich liebt,
warum sich über die Sterne sorgen?*

*

*Wer berühmt werden will,
wird viele schlaflose Nächte haben*

*

*Wer seinen Feind umarmt,
macht ihn bewegungsunfähig*

*

*Wie schön ist die Sonne nach Regen,
und wie schön ist Lachen nach Sorgen*

Quellenverzeichnis

Die Sprüche 1 bis 71 hat der Autor aus der Erinnerung an Redensarten wiedergegeben, die in seiner Kindheit und in seinem persönlichen Umfeld verwendet wurden und werden Dafür sind keine anderen Quellen bekannt
Sprüche und Weisheiten der Religionen
90 und 91 sind bekannte Aussagen der Bibel und des Koran

Arabische Weisheiten
92-96 wwwbk-luebeckeu/sprichwoerter-arabischehtml (ohne Autor) wwwaphorismende/autoren/person/275/Aus+Arabien
97 wwwaphorismende/zitat/17187
*98 Quelle: * wwwaphorismende/*
99 Übersetzung eines arabischen Sprichworts
100 wwwbk-luebeckeu/sprichwoerter-arabischehtml
101 wwwbk-luebeckeu/sprichwoerter-arabischehtml
102 wwwbk-luebeckeu/sprichwoerter-arabischehtml

Französische Weisheiten
103 Alte Freunde und alte Taler sind die besten, Provencalisches Sprichwort
104 wwwzitate-onlinede/sprichwoerter/altvaeterliche/3588/
105 Aus der Bretagne wwwaphorismende/zitat/28399
106 altes sprichwort
107 wwwzitateeu/author/sprichwort-frankreich/zitate/156995
108 altes sprichwort
109 altes sprichwort
110 wwwaphorismende/zitat/3458
111 wwwbk-luebeckeu/sprichwoerter-franzoesischehtml
112 wwwaphorismende/zitat/17924
113-116 wwwspruch,com/sprueche/sprachen/franzoesisch

Sprüche von berühmten Persönlichkeiten

Muhammad Ali
* 17 Januar 1942 in Louisville, Kentucky als Cassius Marcellus Clay; †3 Juni 2016 in Scottsdale, Arizona) Er gehörte zu den bedeutendsten Schwergewichtsboxern und herausragenden Athleten des 20 Jahrhunderts

Augustinus von Hippo

Augustinus von Hippo, auch: Augustinus von Thagaste, Augustin oder Aurelius Augustinus war neben Hieronymus, Ambrosius von Mailand und Papst Gregor dem Großen einer der vier lateinischen Kirchenlehrer der Spätantike und ein wichtiger Philosoph an der Schwelle zwischen Antike und Frühmittelalter
Geboren: 13 November 354 n Chr, Thagaste
Gestorben: 28 August 430 n Chr
118 usualredantde/weisheiten/philosophen-und-denkerhtml

Honoré de Balzac

Honoré de Balzac war ein französischer Schriftsteller In den Literaturgeschichten wird er, obwohl er eigentlich zur Generation der Romantiker zählt, mit dem 17 Jahre älteren Stendhal und dem 22 Jahre jüngeren Flaubert als Dreigestirn der großen Realisten gesehen
Geboren: 20 Mai 1799, Tours, Frankreich
Gestorben: 18 August 1850, Paris, Frankreich
119 wwwspruchcom/sprueche/sprachen/franzoesisch

Simone de Beauvoir

Simone-Lucie-Ernestine-Marie Bertrand de Beauvoir war eine französische Schriftstellerin, Philosophin und Feministin Die sich politisch immer wieder engagierende Verfasserin zahlreicher Romane, Erzählungen, Essays und Memoiren, gilt als Vertreterin des Existentialismus
Geboren: 9 Januar 1908, 6 Arrondissement, Paris, Frankreich
Gestorben: 14 April 1986, Paris, Frankreich
120 usualredantde/weisheiten/philosophen-und-denkerhtml

Otto von Bismarck

Otto Eduard Leopold von Bismarck-Schönhausen, ab 1865 Graf von Bismarck-Schönhausen, ab 1871 Fürst von Bismarck, ab 1890 auch Herzog zu Lauenburg, war ein deutscher Politiker und Staatsmann
Geboren: 1 April 1815, Schönhausen (Elbe)
Gestorben: 30 Juli 1898, Friedrichsruh, Aumühle
121 wwwaphorismende/zitat/8513
122 gutezitatecom/zitat/255977

123 wwwaphorismende/zitat/18708
124 wwwaphorismende
125 gutezitatecom/zitat/101530

Aristide Briand

Aristide Briand war ein französischer Politiker Briand bekleidete
zwischen 1909 und 1932 mit Unterbrechungen wechselnd die
Ämter des französischen Ministerpräsidenten, des Unterrichts-,
Justiz- und des Außenministers
Geboren: 29 März 1862, Nantes, Frankreich
Gestorben: 7 März 1932, Paris, Frankreich
125 wwwaphorismende/zitat/28038
126 wwwaphorismende/zitat/83106
127 wwwaphorismende/zitat/115679
128 wwwaphorismende/zitat/77897
129 wwwaphorismende/zitat/28039

Edmund Burke

Edmund Burke war ein irisch-britischer Schriftsteller,
Staatsphilosoph und Politiker in der Zeit der Aufklärung Er gilt als
geistiger Vater des Konservatismus
Geboren: 12 Januar 1729, Dublin, Irland
Gestorben: 9 Juli 1797, Beaconsfield, Vereinigtes Königreich
130 usualredantde/weisheiten/philosophen-und-denkerhtml

Felice Leonardo (Leo) Buscaglia

Felice Leonardo Buscaglia war ein US-amerikanischer Autor und
Professor für Pädagogik an der University of Southern California
Größere Bekanntheit erlangte er vor allem durch seine
Veröffentlichungen zum Thema Liebe Geboren: 31 März 1924, Los
Angeles, Kalifornien, Vereinigte Staaten
Gestorben: 12 Juni 1998, Glenbrook, Nevada, Vereinigte Staaten
131 usualredantde/weisheiten/philosophen-und-denkerhtml

Albert Camus

Albert Camus war ein französischer Schriftsteller und Philosoph
1957 erhielt er für sein publizistisches Gesamtwerk den Nobelpreis
für Literatur Camus gilt als einer der bekanntesten und
bedeutendsten französischen Autoren des 20Jahrhunderts
Geboren: 7 November 1913, Dréan, Algerien
Gestorben: 4 Januar 1960, Villeblevin, Frankreich

132 wwwgutzitiertde/
zitat_autor_albert_camus_thema_freiheit_zitat_23782html
133 wwwgutzitiertde/
zitat_autor_albert_camus_thema_schicksal_zitat_38928html
134 wwwgutzitiertde/
zitat_autor_albert_camus_thema_humor_zitat_23787html
135 wwwgutzitiertde/
zitat_autor_albert_camus_thema_liebe_zitat_23785html
136 zitatezumnachdenkencom/albert-camus/7128
137 wwwgutzitiertde/
zitat_autor_albert_camus_thema_gerechtigkeit_zitat_9504html
138 wwwgutzitiertde/
zitat_autor_albert_camus_thema_kunst_zitat_12902html
139 wwwgutzitiertde/
zitat_autor_albert_camus_thema_rache_zitat_23784html
140 wwwgutzitiertde
/zitat_autor_albert_camus_thema_grundsaetze_zitat_23788html
141 gutezitatecom/zitat/224200
142 wwwgutzitiertde/
zitat_autor_albert_camus_thema_mutter_zitat_35468html

<u>Nicolas Chamfort</u>
Nicolas Chamfort, geboren als Sébastien-Roch Nicolas war ein
französischer Schriftsteller in der Zeit der Aufklärung und der
Französischen Revolution
Geboren: 6 April 1740, Clermont-Ferrand, Frankreich
Gestorben: 13 April 1794, Paris, Frankreich
143 Zitatenet/armut-zitate

<u>Winston Churchill</u>
Sir Winston Leonard Spencer-Churchill KG OM CH PCc RA gilt als
bedeutendster britischer Staatsmann des 20 Jahrhunderts Er war
zweimal Premierminister und führte Großbritannien durch den
Zweiten Weltkrieg
Geboren: 30 November 1874, Blenheim Palace, Vereinigtes
Königreich
Gestorben: 24 Januar 1965, Kensington, London, Vereinigtes
Königreich
144 zitatenet/zitat?id=806
145 zitatenet/zitat?id=3064
146 zitatenet/zitat?id=1141

147 zitatenet/zitat?id=3062
148 zitatenet/zitat?id=369

Georges Clemenceau
Georges Benjamin Clemenceau war ein französischer Journalist,
Politiker und Staatsmann der Dritten Republik Als einer der
führenden Vertreter des linksbürgerlichen Parti radical war er von
1906 bis 1909 und noch einmal von 1917 bis 1920 französischer
Ministerpräsident
Geboren: 28 September 1841, Mouilleron-en-Pareds, Frankreich
Gestorben: 24 November 1929, Paris, Frankreich

149 wwwhistoire-en-citationsfr/ citations/ clemenceau-gloire-
aux-pays-ou-l-on-parle-honte-aux-pays
150 dicocitationslemondefr/citation_historique_ajout/211php
151 wwwgutzitiertde/
zitat_autor_georges_clemenceau_thema_feldherr_zitat_7746html
152 wwwgutzitiertde/
zitat_autor_georges_clemenceau_thema_macht_zitat_14355html
153 wwwgutzitiertde/
zitat_autor_georges_clemenceau_thema_amerika_zitat_28241html
154 wwwgutzitiertde/
zitat_autor_georges_clemenceau_thema_politiker_zitat_30771html
155 wwwaphorismende/zitat/23709

Demokrit
Demokrit war ein griechischer Philosoph, der den
Vorsokratikernzugerechnet wird Als Schüler des Leukipp wirkte
und lehrte er in seiner Heimatstadt Abdera; er selber beeinflusste
Epikur
Geboren: Abdera, Griechenland
Gestorben: Griechenland

156 Zitatenet/reichtum-zitate

Marie von Ebner-Eschenbach
Marie Freifrau Ebner von Eschenbach war eine mährisch-
österreichische Schriftstellerin und gilt mit ihren psychologischen
Erzählungen als eine der bedeutendsten deutschsprachigen
Erzählerinnen des 19 Jahrhunderts
Geboren: 13 September 1830, Zdislavice (Troubky-Zdislavice)
Gestorben: 12 März 1916, Wien, Österreich

157 Zitatenet/armut-zitate

Albert Einstein

Albert Einstein gilt als einer der bedeutendsten theoretischen Physiker der Wissenschaftsgeschichte und weltweit als bekanntester Wissenschaftler der Neuzeit Seine Forschungen zur Struktur von Materie, Raum und Zeit sowie zum Wesen der Gravitation veränderten maßgeblich das zuvor geltende newtonsche Weltbild
Geboren: 14 März 1879, Ulm
Gestorben: 18 April 1955, Princeton Medical Center at Plainsboro, New Jersey, Vereinigte Staaten
159 gutezitatecom/zitat/110632
160 gutezitatecom/zitat/109847
161 gutezitatecom/zitat/263091
162 gutezitatecom/zitat/155134
163 gutezitatecom/zitat/188023
164 zitatenet/armut-zitate
165 Zitatenet/armut-zitate

Epikur von Samos

Epikur war ein griechischer Philosoph, Begründer des Epikureismus und der epikureischen Schule Diese im Hellenismus parallel zur Stoa entstandene philosophische Schule hat durch die von Epikur entwickelte hedonistische Lehre seit ihren Anfängen zwischen Anhängern und Gegnern polarisierend gewirkt
Geboren: Februar 341 v Chr, Samos, Griechenland
Gestorben: 270 v Chr, Athen, Griechenland
Epoche: Philosophie der Antike
166 Zitatenet/reichtum-zitate
167 Zitatenet/reichtum-zitate
168 Zitatenet/reichtum-zitate

Erasmus von Antiochia

Erasmus, Elmo bzw Ermo, war Bischof und Märtyrer Er wird in der römisch-katholischen Kirche als Heiliger verehrt Sein Gedenktag im Generalkalender der katholischen Kirche war früher der 2 Juni
Geboren: Antakya, Türkei
Gestorben: 303 n Chr, Illyrien
169 usualredantde/weisheiten/philosophen-und-denkerhtml

Charles des Gaulle
Charles André Joseph Marie de Gaulle war ein französischer
General und Staatsmann Im Zweiten Weltkrieg führte er den
Widerstand des Freien Frankreich gegen die deutsche Besatzung
an Danach war er von 1944 bis 1946 Präsident der Provisorischen
Regierung
Geboren: 22 November 1890, Lille, Frankreich
Gestorben: 9 November 1970, Colombey les Deux Églises,
Frankreich
170 wwwgutzitiertde/
zitat_autor_charles_de_gaulle_thema_entscheidung_zitat_7181htm
171 wwwgutzitiertde/
zitat_autor_charles_de_gaulle_thema_sachverstaendige_zitat_2320
2html
172 1000-zitatede /3688/Ein-Maedchen-das-einen-Soldaten-
heiratethtml
173 natunenet/zitate/zitat/6612
174 natunenet/zitate/zitat/6380
175 wwwgutzitiertde/
zitat_autor_charles_de_gaulle_thema_widerspruch_zitat_3326html
176 wwwgutzitiertde/
zitat_autor_charles_de_gaulle_thema_politik_zitat_16732html

René Descartes
René Descartes war ein französischer Philosoph, Mathematiker
und Naturwissenschaftler
Geboren: 31 März 1596, Descartes, Frankreich
Gestorben: 11 Februar 1650, Stockholm, Schweden
177-191 wwwgutzitiertde/zitat_autor_rene_descartes
192 usualredantde/weisheiten/philosophen-und-denkerhtml

Ralph Waldo Emerson
Ralph Waldo Emerson war ein US-amerikanischer Philosoph und
Schriftsteller In seinen zahlreichen Vorträgen, Schriften und
Gedichten betonte Emerson in vielfältiger Form seine Forderung
nach einer radikalen Erneuerung und geistigen Selbstbestimmung
der amerikanischen Kultur und Literatur
Geboren: 25 Mai 1803, Boston, Massachusetts, Vereinigte Staaten
Gestorben: 27 April 1882, Concord, Massachusetts, Vereinigte
Staaten
193 usualredantde/weisheiten/philosophen-und-denkerhtml

194 usualredantde/weisheiten/philosophen-und-denkerhtml

F Scott Fitzgerald
Francis Scott Key Fitzgerald war ein US-amerikanischer
Schriftsteller Sein erster Roman This Side of Paradise, den er als
23-Jähriger Ende März 1920 veröffentlichte, machte ihn in kurzer
Zeit berühmt Gemeinsam mit seiner Frau Zelda Sayre führte er in
den 1920er Jahren ein exzessives Leben
Geboren: 24 September 1896, Saint Paul, Minnesota, Vereinigte
Staaten
Gestorben: 21 Dezember 1940, Hollywood, Los Angeles,
Kalifornien, Vereinigte Staaten
195 wwwaphorismende/zitat/99751

Jean de la Fontaine
Jean de La Fontaine war ein französischer Schriftsteller Er gilt den
Franzosen als einer der größten ihrer Klassiker und ist noch heute
mit einigen seiner Fabeln jedem französischen Schulkind bekannt
Geboren: 8 Juli 1621, Château-Thierry, Frankreich
Gestorben: 13 April 1695, Neuilly-sur-Seine, Frankreich
196 wwwspruchcom/sprueche/sprachen/franzoesisch

Henry Ford
Henry Ford gründete den Automobilhersteller Ford Motor
Company Er perfektionierte konsequent die Fließbandfertigung im
Automobilbau, die allerdings schon Ransom Eli Olds 1902 in
vereinfachter Form in seiner Automobilfirma Oldsmobile
vorweggenommen hatte
Geboren: 30 Juli 1863, Greenfield Township, Michigan
Gestorben: 7 April 1947, Fair Lane, Home of Clara and Henry Ford,
Dearborn, Michigan, Vereinigte Staaten
197 Zitatenet/armut-zitate

Benjamin Franklin
Benjamin Franklin war ein amerikanischer Drucker, Verleger,
Schriftsteller, Naturwissenschaftler, Erfinder und Staatsmann Als
einer der Gründerväter der Vereinigten Staaten beteiligte er sich
am Entwurf der Unabhängigkeitserklärung der Vereinigten
Staaten und war einer ihrer Unterzeichner
Geboren: 17 Januar 1706, Milk Street, Boston, Massachusetts,
Vereinigte Staaten

Gestorben: 17 April 1790, Philadelphia, Pennsylvania, Vereinigte Staaten
198 Zitatenet/recihtum-zitate

Thomas Fuller
Thomas Fuller war ein englischer Historiker Thomas Fuller war der älteste Sohn des Pfarrers Thomas Fuller in Aldwinkle, Northamptonshire Er wurde im Pfarrhaus seines Vaters geboren und am 19 Juni 1608 getauft Dr John Davenant, der spätere Bischof von Salisbury, war sein Onkel und Taufpate
Geboren: 1608, Northamptonshire, Vereinigtes Königreich
Gestorben: 16 August 1661, Covent Garden, London, Vereinigtes Königreich
199 Zitatenet/reichtum-zitate

Mahatma Gandhi
Mohandas Karamchand Gandhi war ein indischer Rechtsanwalt, Widerstandskämpfer, Revolutionär, Publizist, Morallehrer, Asket und Pazifist Zu Beginn des 20 Jahrhunderts setzte sich Gandhi in Südafrika gegen die Rassentrennung und für die Gleichberechtigung der Inder ein
Geboren: 2 Oktober 1869, Porbandar, Indien
Gestorben: 3011948
200 Zitatenet/reichtum-zitate

Curt Goetz
Curt Goetz, eigentlich Kurt Walter Götz, war ein deutsch-schweizerischer Schriftsteller und Schauspieler
Geboren: 17 November 1888, Mainz
Gestorben: 12 September 1960, Grabs, Schweiz
201 zitatenet/armut-zitate

Billy Graham
William Franklin „Billy" Graham war ein US-amerikanischer Baptistenpastor und Erweckungsprediger des Evangelikalismus Er wird in den Vereinigten Staaten nicht nur von konservativen Theologen als einer der einflussreichsten christlichen Prediger des 20 Jahrhunderts bezeichnet
Geboren: 7 November 1918, Charlotte, North Carolina, Vereinigte Staaten

*Gestorben: 21 Februar 2018, Montreat, North Carolina, Vereinigte
Staaten*
202 usualredantde/weisheiten/philosophen-und-denkerhtml

Armin Hary
*Armin Erich Hary ist ein ehemaliger deutscher Leichtathlet In
seiner Laufbahn wurde er jeweils zweimal Olympiasieger und
Europameister Als erstem Sprinter gelang es ihm 1958, die 100
Meter in handgestoppten 10,0 s zu laufen*
Geboren: 22 März 1937 (Alter 81 Jahre), Quierschied
203 Zitatenet/armut-zitate

Ernst R Hauschka
*Ernst Reinhold Hauschka war ein deutscher Aphoristiker und
Lyriker*
Geboren: 8 August 1926, Ústí nad Labem, Tschechien
Gestorben: 29 Mai 2012, Regensburg
204 Zitatenet/reichtum-zitate

Georg Wilhelm Friedrich Hegel
*Georg Wilhelm Friedrich Hegel war ein deutscher Philosoph, der
als wichtigster Vertreter des deutschen Idealismus gilt*
Geboren: 27 August 1770, Stuttgart
Gestorben: 14 November 1831, Berlin
*205 wwwquotissimocom/de/zitate/einsicht-freiheit-
notwendigkeit-georg-wilhelm-friedrich-hegel-2719/*

Hermann Hesse
*Hermann Karl Hesse, Pseudonym: Emil Sinclair, war ein deutsch-
schweizerischer Schriftsteller, Dichter und Maler Wikipedia*
Geboren: 2 Juli 1877, Calw
Gestorben: 9 August 1962, Montagnola, Collina d'Oro, Schweiz
206 zitatezumnachdenkencom/hermann-hesse/377

Hippokrates
*Hippokrates von Kos war ein griechischer Arzt und gilt als der
berühmteste Arzt des Altertums und „Vater der Medizin"
Hippokrates wurde schon zu Lebzeiten hoch verehrt Er gilt als
Begründer der Medizin als Wissenschaft*
Geboren: Kos, Griechenland
Gestorben: Larisa, Griechenland

207 gutezitatecom/zitat/237758
208 gutezitatecom/zitat/211080
209 zitatezumnachdenkencom/hippokrates
2 gutezitatecom/zitat/130794

Victor Hugo
Victor-Marie Hugo war ein französischer Schriftsteller Er verfasste
Gedichte sowie Romane und Dramen und betätigte sich als
literarischer, aber auch politischer Publizist Mehrfach war er, als
Angehöriger der Pairskammer, Abgeordneter oder Senator, auch
direkt politisch aktiv
26 Februar 1802 in Besançon
Gestorben: 22 Mai 1885, Paris, Frankreich
211 wwwaphorismende/zitat/16517
212 Victor Hugo, Les Miserables
213 wwwaphorismende/zitat/16493
214 wwwaphorismende/zitat/16494
215 wwwaphorismende/zitat/16503
216 gutezitatecom/zitat/194342
217 gutezitatecom/zitat/266350
218 gutezitatecom/zitat/167721
219 gutezitatecom/zitat/107243
220 gutezitatecom/zitat/281434
221 gutezitatecom/zitat/239067
222 wwwspruchcom/sprueche/sprachen/franzoesisch

Elber Hubbard
Elbert Green Hubbard war ein amerikanischer Schriftsteller,
Essayist, Philosoph und Verleger Er war der Begründer des
Roycroft Movement, einem amerikanischen Zweig des aus England
kommenden Arts and Crafts Movement
Geboren: 19 Juni 1856, Bloomington, Illinois, Vereinigte Staaten
Gestorben: 7 Mai 1915, Irland
223 gutezitatecom/zitat/230763

Henrik Ibsen
Henrik Johan Ibsen war ein norwegischer Dramatiker und Lyriker
Geboren: 20 März 1828, Skien, Norwegen
Gestorben: 23 Mai 1906, Oslo, Norwegen
224 Zitatenet/armut-zitate

Samuel Johnson
Samuel Johnson war ein englischer Gelehrter, Lexikograf,
Schriftsteller, Dichter und Kritiker Er ist nach William
Shakespeare der meistzitierte englische Autor und war im 18
Jahrhundert die wichtigste Person im literarischen Leben
Englands, vergleichbar mit Johann Christoph Gottsched in
Deutschland
Geboren: 18 September 1709, Lichfield, Vereinigtes Königreich
Gestorben: 13 Dezember 1784, London, Vereinigtes Königreich
225 usualredantde/weisheiten/philosophen-und-denkerhtml

Joseph Joubert
Joseph Joubert war ein französischer Moralist und Essayist
Geboren: 7 Mai 1754, Montignac, Frankreich
Gestorben: 4 Mai 1824, Villeneuve-sur-Yonne, Frankreich
226 usualredantde/weisheiten/philosophen-und-denkerhtml
227 usualredantde/weisheiten/philosophen-und-denkerhtml

Erich Kästner
Emil Erich Kästner war ein deutscher Schriftsteller, Publizist,
Drehbuchautor und Kabarettdichter Seine publizistische Karriere
begann während der Weimarer Republik mit
gesellschaftskritischen und antimilitaristischen Gedichten, Glossen
und Essays in verschiedenen renommierten Periodika dieser Zeit
Geboren: 23 Februar 1899, Dresden
Gestorben: 29 Juli 1974, München
228 Zitatenet/reichtum-zitate

John F Kennedy
John Fitzgerald „Jack" Kennedy, häufig auch bei seinen Initialen
JFK genannt, war von 1961 bis 1963 der 35 Präsident der
Vereinigten Staaten von Amerika
Geboren: 29 Mai 1917, Brookline, Massachusetts, Vereinigte
Staaten
Ermordet: 22 November 1963, Dallas, Texas, Vereinigte Staaten
229 gutezitatecom/zitat/187244
230 gutezitatecom/zitat/262479
231 gutezitatecom/zitat/129016
232 wwwzitate-onlinede/sprueche/politiker/19730/einen-
vorsprung-im-leben-hat-wer-da-anpackthtml
_233 dewikiquoteorg/wiki/John_F_Kennedy_

Konfuzius

Konfuzius – latinisiert aus 孔夫子, Kǒng Fūzǐ, K'ung-fu-tzu ‚Lehrmeister Kong' – war ein chinesischer Philosoph zur Zeit der Östlichen Zhou-Dynastie Er lebte vermutlich von 551 v Chr bis 479 v Chr und wurde unter dem Namen Kong Qiu in der Stadt Qufu im chinesischen Staat Lu geboren, wo er auch starb
Geboren: 551 v Chr, Lu
Gestorben: 479 v Chr, Lu
234 wwwzitate-onlinede/literaturzitate/allgemein/1154/fordere-viel-von-dir-selbst-und-erwarte-wenightml
235 wwwzitate-onlinede/stichworte/liebst-lass-frei-kommt-zurueck-gehoert/
236 wwwzitate-onlinede/stichworte/mensch-dreierlei-wege-klug-handeln-durch/
237 wwwzitate-onlinede/stichworte/sagst-vergesse-zeigst-daran-erinnere-mich/
238 wwwpoeteusde/zitat/Es-ist-besser-ein-einziges-kleines-Licht-anzuz%C3%BCnden-als-die-Dunkelheit-zu-verfluchen/

Jiddu Krishnamurti

Jiddu Krishnamurti war ein indischer Philosoph und Theosoph In seinen wichtigsten Veröffentlichungen thematisiert Krishnamurti spirituelle Fragen wie die Erlangung vollständiger geistiger Freiheit durch Meditation, aber auch religiöse und philosophische Themen
Geboren: 11 Mai 1895, Madanapalle, Indien
Gestorben: 17 Februar 1986, Ojai, Kalifornien, Vereinigte Staaten
239 usualredantde/weisheiten/philosophen-und-denkerhtml

Hans Kruppa

Hans Kruppa ist ein deutscher Dichter und Schriftsteller
Geboren: 15 Februar 1952 (Alter 66 Jahre)
240 Zitatenet/reichtum-zitate

Laozi

Laozi ist ein legendärer chinesischer Philosoph, der im 6 Jahrhundert v Chr gelebt haben soll Je nach Umschrift wird der Name auch Laotse, Lao-Tse, Laudse oder Lao-tzu geschrieben Die Schreibweise der älteren Umschriften ist im Folgenden hinter der Pinyin-Form in Klammern angegeben
Geboren: 601 v Chr, Chu
Gestorben: Zhou dynasty
241 usualredantde/weisheiten/philosophen-und-denkerhtml
242 usualredantde/weisheiten/philosophen-und-denkerhtml

Ludwig Marcuse

Ludwig Marcuse war ein deutscher Philosoph und Schriftsteller Ab 1944 hatte er die amerikanische Staatsbürgerschaft
Geboren: 8 Februar 1894, Berlin
Gestorben: 2 August 1971, Bad Wiessee
243 Zitatenet/reichtum-zitate

Karl Marx

Karl Marx war ein deutscher Philosoph, Ökonom, Gesellschaftstheoretiker, politischer Journalist, Protagonist der Arbeiterbewegung sowie Kritiker der bürgerlichen Gesellschaft und der Religion Zusammen mit Friedrich Engels wurde er zum einflussreichsten Theoretiker des Sozialismus und Kommunismus
Geboren: 5 Mai 1818, Trier
Gestorben: 14 März 1883, London, Vereinigtes Königreich
244 usualredantde/weisheiten/philosophen-und-denkerhtml

Moliere

Molière war ein französischer Schauspieler, Theaterdirektor und Dramatiker Er ist einer der großen Klassiker und machte die Komödie zu einer der Tragödie potenziell gleichwertigen Gattung Vor allem erhob er das Theater seiner Zeit zum Diskussionsforum über allgemeine menschliche Verhaltensweisen in der Gesellschaft
Geboren: 15 Januar 1622, Rue Saint-Honoré, Paris, Frankreich
Gestorben: 17 Februar 1673, Rue de Richelieu, Paris, Frankreich
245 wwwspruchcom/sprueche/sprachen/franzoesisch
246 wwwspruchcom/sprueche/sprachen/franzoesisch

Michel de Montaigne
Michel Eyquem de Montaigne, lat: Michael Montanus, war Jurist,
skeptischer Philosoph, Humanist und Begründer der Essayistik
Geboren: 28 Februar 1533, Schloss Montaigne
Gestorben: 13 September 1592, Schloss Montaigne
247 wwwquotissimocom/de/zitate/gebete-gott-lassen-menschen-
wenig-michel-de-montaigne-3223/
248 wwwquotissimocom/de/zitate/freude-gross-meiden-werden-
michel-de-montaigne-3213/
249 wwwaphorismende/zitat/1552
250 wwwaphorismende/zitat/1670
251 wwwaphorismende/zitat/5355
252 dicocitationslemondefr/citations/citation-21158php

Nagarjuna
Aus dem Englischen übersetzt-Akkinini Nagarjuna ist ein indischer
Filmschauspieler, Filmproduzent und Geschäftsmann Er erhielt
neun staatliche Nandi Awards, drei Filmfare Awards South und
eine National Film Award-Special Mention
Geboren: 29 August 1959 (Alter 59 Jahre), Chennai, Indien
253 usualredantde/weisheiten/philosophen-und-denkerhtml

Friedrich Nietzsche
Friedrich Wilhelm Nietzsche war ein deutscher klassischer
Philologe Erst postum machten ihn seine Schriften als Philosophen
weltberühmt Im Nebenwerk schuf er Dichtungen und musikalische
Kompositionen Ursprünglich preußischer Staatsbürger, war er seit
seiner Übersiedlung nach Basel 1869 staatenlos
Geboren: 15 Oktober 1844, Röcken, Lützen
Gestorben: 25 August 1900, Weimar
254 usualredantde/weisheiten/philosophen-und-denkerhtml
255 usualredantde/weisheiten/philosophen-und-denkerhtml
256 usualredantde/weisheiten/philosophen-und-denkerhtml
257 usualredantde/weisheiten/philosophen-und-denkerhtml
258 usualredantde/weisheiten/philosophen-und-denkerhtml

Aristoteles Onassis
Aristoteles „Ari" Sokrates Homer Onassis war ein griechisch-
argentinischer Reeder Die Flotte seiner 30 Reedereien umfasste in
den 1950er Jahren über 900 Schiffe, die meisten davon Öltanker Er
besaß die Insel Skorpios im Ionischen Meer

Geboren: 20 Januar 1906, Karataş, Konak, Türkei
Gestorben: 15 März 1975, Amerikanisches Krankenhaus Paris,
Neuilly-sur-Seine, Frankreich
259 Zitatenet/reichtum-zitate
260 Zitatenet/reichtum-zitate

<u>*Karl Popper*</u>
Sir Karl Raimund Popper CH FBA FRS war ein österreichisch-
britischer Philosoph, der mit seinen Arbeiten zur Erkenntnis- und
Wissenschaftstheorie, zur Sozial- und Geschichtsphilosophie sowie
zur politischen Philosophie den kritischen Rationalismus
begründete
Geboren: 28 Juli 1902, Wien, Österreich
Gestorben: 17 September 1994, Kenley, Vereinigtes Königreich
261 usualredantde/weisheiten/philosophen-und-denkerhtml
262 usualredantde/weisheiten/philosophen-und-denkerhtml

<u>*Richard David Precht*</u>
Richard David Precht ist ein deutscher Philosoph und Publizist Er
ist Honorarprofessor für Philosophie an der Leuphana Universität
Lüneburg und Honorarprofessor für Philosophie und Ästhetik an
der Hochschule für Musik Hanns Eisler in Berlin Sein Bestseller
Wer bin ich – und wenn ja, wie viele?
Geboren: 8 Dezember 1964, Solingen
263 usualredantde/weisheiten/philosophen-und-denkerhtml
264 usualredantde/weisheiten/philosophen-und-denkerhtml

<u>*Francois Rabelais*</u>
François Rabelais war ein französischer Schriftsteller der
Renaissance, Humanist, römisch-katholischer Ordensbruder und
praktizierender Arzt
Geboren: 4 Februar 1494, Chinon, Frankreich
Gestorben: 9 April 1553, Paris, Frankreich
265 wwwfestparkde/folio/2257-geburtstag-ein-glueckwunsch-
spruch
266 wwwgutzitiertde/
zitat_autor_francois_rabelais_thema_gelehrte_zitat_35753html
267 wwwgratis-spruchde/sprueche/id/11914
268 wwwgratis-spruchde/sprueche/id/11941
269 wwwgratis-spruchde/sprueche/id/12579
270 wwwgratis-spruchde/sprueche/id/6701

271 wwwgutzitiertde/
zitat_autor_francois_rabelais_thema_mahlzeit_zitat_14429html

François de La Rochefoucauld
François VI de La Rochefoucauld war ein zeitweise politisch
aktiver französischer Adeliger und Militär, der jedoch vor allem als
Literat in die Geschichte eingegangen ist Mit seinen aphoristischen
Texten gilt er als Vertreter der französischen Moralisten
Geboren: 15 September 1613, rue des Petits-Champs, Paris,
Frankreich
Gestorben: 17 März 1680, Paris, Frankreich
272 Zitatenet/reichtum-zitate

Peter Rosegger
Peter Rosegger war ein österreichischer Schriftsteller und Poet Die
Schreibweise seines Namens Roßegger änderte er in Rosegger, als
seine ersten Veröffentlichungen erschienen
Geboren: 31 Juli 1843, Krieglach, Österreich
Gestorben: 26 Juni 1918, Krieglach, Österreich
273 Zitatenet/reichtum-zitate

Franklin D Roosevelt
Franklin Delano Roosevelt, oft mit seinen Initialen FDR abgekürzt,
war von 1933 bis zu seinem Tod 1945 der 32 Präsident der
Vereinigten Staaten Er gehörte der Demokratischen Partei an
Roosevelt entstammte einer bekannten und wohlhabenden Familie
aus dem Bundesstaat New York
Geboren: 30 Januar 1882, Hyde Park, New York, Vereinigte Staaten
Gestorben: 12 April 1945, Roosevelt's Little White House Historic
Site, Georgia, Vereinigte Staaten
274 Zitatenet/armut-zitate

Jean-Jaques Rousseau
Jean-Jacques Rousseau war ein Genfer Schriftsteller, Philosoph,
Pädagoge, Naturforscher und Komponist der Aufklärung Rousseau
hatte großen Einfluss auf die Pädagogik und die politische Theorie
des späten 18 sowie des 19 und 20 Jahrhunderts in ganz Europa
Geboren: 28 Juni 1712, Genf, Schweiz
Gestorben: 2 Juli 1778, Ermenonville, Frankreich
275 gutezitatecom/zitat/258281
276 gutezitatecom/zitat/213890

277 ttps://wwwgutzitiertde/zitat_autor_jean-
jacques_rousseau_thema_beleidigung_zitat_30680html
278 wwwgutzitiertde/zitat_autor_jean-
jacques_rousseau_thema_leidenschaft_zitat_13433html
279 wwwgutzitiertde/zitat_autor_jean-
jacques_rousseau_thema_familie_zitat_7595html
280 wwwgutzitiertde/zitat_autor_jean-
jacques_rousseau_thema_weisheit_zitat_22026html
281 wwwaphorismende/zitat/81673
282 gutezitatecom/zitat/228400
283 wwwgutzitiertde/zitat_autor_jean-
jacques_rousseau_thema_demokratie_zitat_5946html
284 wwwgutzitiertde/zitat_autor_jean-
jacques_rousseau_thema_gleichheit_zitat_10322html
285 wwwgutzitiertde/zitat_autor_jean-
jacques_rousseau_thema_freiheit_zitat_8247html
286 wwwgutzitiertde/zitat_autor_jean-
jacques_rousseau_thema_geldwesen_zitat_9207html
287 gutezitatecom/zitat/254407
288 gutezitatecom/zitat/221198
289 usualredantde/weisheiten/philosophen-und-denkerhtml

John Ruskin

John Ruskin war ein britischer Schriftsteller, Maler,
Kunsthistoriker und Sozialphilosoph
Geboren: 8 Februar 1819, Brunswick Square
Gestorben: 20 Januar 1900, Brantwood, Vereinigtes Königreich
290 usualredantde/weisheiten/philosophen-und-denkerhtml

Pythagoras von Samos

Pythagoras von Samos war ein antiker griechischer Philosoph und
Gründer einer einflussreichen religiös-philosophischen Bewegung
Als Vierzigjähriger verließ er seine griechische Heimat und
wanderte nach Süditalien aus Dort gründete er eine Schule und
betätigte sich auch politisch
Geboren: Samos, Griechenland
Gestorben: Metapont
291 usualredantde/weisheiten/philosophen-und denker

Arthur Schopenhauer

Arthur Schopenhauer war ein deutscher Philosoph, Autor und Hochschullehrer Schopenhauer entwarf eine Lehre, die gleichermaßen Erkenntnistheorie, Metaphysik, Ästhetik und Ethik umfasst Er sah sich selbst als Schüler und Vollender Immanuel Kants, dessen Philosophie er als Vorbereitung seiner eigenen Lehre auffasste
Geboren: 22 Februar 1788, Danzig, Polen
Gestorben: 21 September 1860, Freie Stadt Frankfurt
292 usualredantde/weisheiten/philosophen-und-denkerhtml

Antoine de Saint-Exupéry

Antoine Marie Jean-Baptiste Roger Vicomte de Saint-Exupéry war ein französischer Schriftsteller und Pilot
Geboren: 29 Juni 1900, Lyon, Frankreich
Gestorben: 31 Juli 1944, Marseille, Frankreich
293 wwwspruchcom/sprueche/sprachen/franzoesisch
294 wwwspruchcom/sprueche/sprachen/franzoesisch)
295 wwwspruchcom/sprueche/sprachen/franzoesisch)
296 wwwspruchcom/sprueche/sprachen/franzoesisch)
297 wwwspruchcom/sprueche/sprachen/franzoesisch)
298 wwwspruchcom/sprueche/sprachen/franzoesisch)
299 wwwspruchcom/sprueche/sprachen/franzoesisch)

Jean-Paul Sartre

Jean-Paul Charles Aymard Sartre war ein französischer Romancier, Dramatiker, Philosoph und Publizist Er gilt als Vordenker und Hauptvertreter des Existentialismus und als Paradefigur der französischen Intellektuellen des 20 Jahrhunderts Seit seinem 25 Lebensjahr war er mit Simone de Beauvoir liiert
Geboren: 21 Juni 1905, Paris, Frankreich
Gestorben: 15 April 1980, Paris, Frankreich
300 gutezitatecom/zitat/210397
301 zitatezumnachdenkencom/jean-paul-sartre/4390
302 gutezitatecom/zitat/275221
303 gutezitatecom/zitat/177648
304 zitatezumnachdenkencom/jean-paul-sartre/4425
305 zitatezumnachdenkencom/jean-paul-sartre/4353*
306 wwwschulzendorferde/wer-die-wahl-hat-hat-die-qual/
307 wwwgutzitiertde/zitat_autor_jean-paul_sartre_thema_verzweiflung_zitat_21598html

308 zitatezumnachdenkencom/jean-paul-sartre/4371
309 gutezitatecom/zitat/111257
310 usualredantde/weisheiten/philosophen-und-denkerhtml
311 usualredantde/weisheiten/philosophen-und-denkerhtml

Seneca

Lucius Annaeus Seneca, genannt Seneca der Jüngere, war ein römischer Philosoph, Dramatiker, Naturforscher, Politiker und als Stoiker einer der meistgelesenen Schriftsteller seiner Zeit Seine Reden, die ihn bekannt gemacht hatten, sind verloren gegangen
Geboren: Córdoba, Spanien
Gestorben: 12 April 65 n Chr, Rom, Italien
312 usualredantde/weisheiten/philosophen-und-denkerhtml
313 usualredantde/weisheiten/philosophen-und-denkerhtml
314 zitatenet/armut-zitate

George Bernard Shaw

George Bernard Shaw, meist auf eigenen Wunsch nur Bernard Shaw genannt, war ein irischer Dramatiker, Politiker, Satiriker, Musikkritiker und Pazifist, der 1925 den Nobelpreis für Literatur und 1939 den Oscar für das beste adaptierte Drehbuch erhielt
Geboren: 26 Juli 1856, Portobello, Dublin, Irland
Gestorben: 2 November 1950, Ayot Saint Lawrence, Vereinigtes Königreich
315 Zitatenet/reichtum-zitate
316 Zitatenet/reichtum-zitate

Fulton J Sheen

Fulton John Sheen, auch Fulton J Sheen, eigentlich Peter John Sheen war römisch-katholischer Bischof in den USA und eine der einflussreichsten christlichen US-Medienpersönlichkeiten im 20 Jahrhundert
Geboren: 8 Mai 1895, El Paso, Illinois, Vereinigte Staaten
Gestorben: 9 Dezember 1979, Upper East Side, New York City, New York, Vereinigte Staaten
317 usualredantde/weisheiten/philosophen-und-denkerhtml

Gustav Stresemann
Gustav Ernst Stresemann war ein deutscher Politiker und
Staatsmann der Weimarer Republik, der 1923 Reichskanzler und
danach bis zu seinem Tod Reichsminister des Auswärtigen war
Geboren: 10 Mai 1878, Berlin
Gestorben: 3 Oktober 1929, Berlin
318 gutezitatecom/zitat/262313
319 gutezitatecom/zitat/264489
320 gutezitatecom/zitat/174467
321 gutezitatecom/zitat/163518
322 gutezitatecom/zitat/153290
323 gutezitatecom/zitat/193409

Sokrates
Sokrates war ein für das abendländische Denken grundlegender
griechischer Philosoph, der in Athen zur Zeit der Attischen
Demokratie lebte und wirkte
Geboren: Alopeke
Gestorben: 399 v Chr, Das klassische Athen
324 gutezitatecom/zitat/198204
325 wwwgutzitiertde/
zitat_autor_sokrates_thema_liebe_zitat_23633html
326 wwwgutzitiertde/
zitat_autor_sokrates_thema_tod_zitat_23635html
327 wwwgutzitiertde/
zitat_autor_sokrates_thema_menschenkenntnis_zitat_15033html
328 wwwgutzitiertde/
zitat_autor_sokrates_thema_heirat_zitat_1978html
329 wwwgutzitiertde/
zitat_autor_sokrates_thema_erziehung_zitat_1399html
330 wwwgutzitiertde/
zitat_autor_sokrates_thema_heirat_zitat_23008html
331 wwwgutzitiertde/
zitat_autor_sokrates_thema_eitelkeit_zitat_7053html
332 wwwgutzitiertde/
zitat_autor_sokrates_thema_mitarbeiter_zitat_15252html
333 wwwgutzitiertde/
zitat_autor_sokrates_thema_meinung_zitat_30692html
334 usualredantde/weisheiten/philosophen-und-denkerhtml
335 usualredantde/weisheiten/philosophen-und-denkerhtml

Pierre Teilhard de Chardin

Pierre Teilhard de Chardin war ein französischer Jesuit, Paläontologe, Anthropologe und Philosoph Er war Teilnehmer mehrerer Forschungsreisen nach Asien und Afrika und beteiligte sich in China an der Ausgrabung und Auswertung des Peking-Menschen

Geboren: 1 Mai 1881, Orcines, Frankreich

Gestorben: 10 April 1955, New York City, New York, Vereinigte Staaten

336 usualredantde/weisheiten/philosophen-und-denkerhtml

Mutter Teresa

Mutter Teresa war eine indische Ordensschwester und Missionarin albanischer Abstammung Weltweit bekannt wurde sie durch ihre Arbeit mit Armen, Obdachlosen, Kranken und Sterbenden, für die sie 1979 den Friedensnobelpreis erhielt In der katholischen Kirche wird Mutter Teresa als Heilige verehrt

Geboren: 26 August 1910, Skopje, Mazedonien (EJRM)

Gestorben: 5 September 1997, Kalkutta, Indien

337 zitatenet/armut-zitate

Peter Ustinov

Sir Peter Alexander Baron von Ustinov, CBE, FRSA war ein britischer Schauspieler, Synchronsprecher, Schriftsteller und Regisseur, der ab 1961 auch das Schweizer Bürgerrecht besaß

Geboren: 16 April 1921, Swiss Cottage, London

Gestorben: 28 März 2004, Genolier, Schweiz

338 Zitatenet/reichtum-zitate

Rabindranath Tagore

Rabindranath Tagore bzw war ein bengalischer Dichter, Philosoph, Maler, Komponist, Musiker und Brahmo-Samaj-Anhänger, der 1913 den Nobelpreis für Literatur erhielt und damit der erste asiatische Nobelpreisträger war

Geboren: 7 Mai 1861, Kalkutta, Indien

Gestorben: 7 August 1941, Kalkutta, Indien

339 usualredantde/weisheiten/philosophen-und-denkerhtml

Titus Flavius Vespasianus

Vespasian war vom 1 Juli 69 bis zu seinem Tod römischer Kaiser Sein Geburtsname war Titus Flavius Vespasianus, als Kaiser führte

er den Namen Imperator Caesar Vespasianus Augustus Er konnte
den Bürgerkrieg und die Auseinandersetzungen um das Kaiseramt
im Vierkaiserjahr 69 n
Geboren: 17 November 9 n Chr, Falacrinae
Gestorben: 23 Juni 79 n Chr, Rieti, Italien
340 Zitatenet/reichtum-zitate

Tse-Tang
Tse-Tang, Blogger und Satiriker
341 usualredantde/weisheiten/philosophen-und-denkerhtml

Voltaire
Voltaire war ein französischer Philosoph und Schriftsteller Er ist
einer der meistgelesenen und einflussreichsten Autoren der
französischen und europäischen Aufklärung In Frankreich nennt
man das 18 Jahrhundert auch „das Jahrhundert Voltaires"
Geboren: 21 November 1694, Paris, Frankreich
Gestorben: 30 Mai 1778, Paris, Frankreich
342 gutezitatecom/zitat/206651
343 gutezitatecom/zitat/202755
344 wwwzitateeu/author/voltaire/zitate/1369
345 gutezitatecom/zitat/153575
346 gutezitatecom/zitat/121931
347 gutezitatecom/zitat/261920
348 wwwspruchcom/sprueche/sprachen/franzoesisch
349 – 358 wwwahorismende/suche?f_autor=3918_Voltaire
359 usualredantde/weisheiten/philosophen-und-denkerhtml
360 usualredantde/weisheiten/philosophen-und-denkerhtml

Zarathustra
Zarathustra bzw Zoroaster, genannt auch Zarathustra Spitama,
war ein iranischer Priester und Philosoph Er lehrte in einer
altiranischen Sprache im zweiten oder ersten Jahrtausend v Chr
361 wwwaphorismende/zitat/23413
362 gutezitatecom/zitat/135894
363 gutezitatecom/zitat/228107
364 gutezitatecom/zitat/169041
365 gutezitatecom/zitat/249670

Quellen für die Sprichwörter aus Frankreich, Nordafrika, Indien, Ägypten, Algerien, Marokko, Tunesien

Der Autor hat auf seinen zahlreichen Reisen in diese Länder viele Sprichwörter und Redensarten kennengelernt, gesammelt und hier einige davon zusammengestellt.

<u>*Französische Sprichwörter:*</u> *Diese sind auch zu finden in http://www.zitate-und-weisheiten.de/franzoesische-sprichwoerter/*

<u>*Arabische Sprichwörter*</u>*: Diese sind auch zu finden in http://arabisch-lernen.eu/arabische-sprichwoerter/*

<u>*Afrikanische Weisheiten und Sprüche*</u>*: Diese sind auch zu finden in https://www.bk-luebeck.eu/sprichwoerter-afrikanische.html*

<u>*Sprichwörter aus Indien:*</u> *Diese sind auch zu finden in https://www.hamara-bandhan.de/de_sprichwoerter.html*

<u>*Ägyptische Sprichwörter:*</u> *Diese sind auch zu finden in https://www.bk-luebeck.eu/sprichwoerter-aegyptische.html*

<u>*Sprichworte aus Algerien:*</u> *Diese sind auch zu finden in http://www.sprichworte-der-welt.de/sprichworte_aus_afrika/sprichworte_aus_algerien.html*

<u>*Marokkanische Sprichworte:*</u> *Diese sind auch zu finden in http://www.sprichworte-der-welt.de/sprichworte_aus_afrika/marokkanische_sprichworte.html*

<u>*Sprüche aus Tunesien:*</u> *Diese sind auch zu finden in http://www.sprichworte-der-welt.de/sprichworte_aus_afrika/sprichworte_aus_tunesien.html*

Zeitfracht Medien GmbH
Ferdinand-Jühlke-Straße 7
99095 Erfurt, Deutschland
produktsicherheit@kolibri360.de